ADIEU À LA CROISSANCE

BIEN VIVRE DANS UN MONDE SOLIDAIRE

JEAN GADREY

ADIEU À LA CROISSANCE

BIEN VIVRE DANS UN MONDE SOLIDAIRE

Nouvelle édition augmentée

Alternatives Economiques

{ LES Petits matins }

Du même auteur :
Services : la productivité en question, Desclée de Brouwer, 1996.
Nouvelle économie, nouveau mythe ?, Flammarion, 2000. Deuxième édition (2001) en format poche, coll. « Champs ».
Socio-économie des services, La Découverte, 2003.
Les Nouveaux Indicateurs de richesse, avec Florence Jany-Catrice, La Découverte, 2005, réédition actualisée 2007.
En finir avec les inégalités, Mango, 2006.

Retrouvez les chroniques de Jean Gadrey sur son blog :
http://www.alternatives-economiques.fr/blogs/gadrey

Design original de la collection : Labomatic, Paris
Conception de la couverture : Thierry Oziel

Les petits matins, 31, rue Faidherbe, 75011 Paris, www.lespetitsmatins.fr
Alternatives Économiques, 28, rue du Sentier, 75002 Paris,
www.alternatives-economiques.fr

ISBN : 978-2-36383-006-7
Diffusion Seuil
Distribution Volumen

Pour Christophe et Anne-Sophie

AVANT-PROPOS À LA NOUVELLE ÉDITION

Questions à nos élus actuels et futurs, à commencer par les candidats à l'élection présidentielle et aux législatives de 2012.

Novembre 2011. La primaire socialiste est passée, la campagne présidentielle est de fait lancée. Le thème de la croissance durable, verte, « respectueuse de l'environnement » fait florès dans presque tous les camps, bien qu'avec des nuances appréciables. La droite semble avoir perdu les dents avec lesquelles son champion entendait aller chercher le veau d'or de la croissance, le gagner plus, le travailler plus, le produire et consommer toujours plus.

La gauche hésite sur ces questions, comme si le dilemme était entre la croissance globale et la décroissance globale. Personne ne pense pourtant qu'une récession nous ferait sortir de la crise, bien au contraire ! Et si le débat était mal posé ? Et si la quête d'un progrès humain durable exigeait de ne plus placer le PIB et sa croissance – ou sa décroissance – sur un piédestal ? Quelles richesses doivent croître et quelles autres décroître, et surtout avec quelles qualités pour ces richesses économiques et non économiques ?

Si telle était la voie, alors on pourrait en effet dire adieu au culte de la croissance quantitative, mais bonjour et bienvenue à d'innombrables innovations douces avec la nature et avec les humains, bien plus aptes à enrichir l'économie en emplois utiles que ne l'est la trajectoire productiviste où nous sommes encore.

Les questions soulevées dans ce livre, et celles que je vais poser aux élus actuels et futurs de la nation dans cet avant-propos, portent sur l'urgence d'une « grande transformation » écologique et sociale nous éloignant de la zone des tempêtes et nous conduisant sans tarder vers une société post-croissance débarrassée du libéral-productivisme. Une société où, à terme, la question même de la croissance économique globale pourrait disparaître de l'agenda politique et des préoccupations des citoyens, au bénéfice de finalités de société autrement enthousiasmantes.

1. Questions générales

– Selon vous, la poursuite de la croissance économique est-elle un impératif en France dans les deux décennies à venir, notamment pour l'emploi et la protection sociale ?

– Est-il possible d'avoir d'ici à 2050 une croissance annuelle moyenne positive accompagnée d'une réduction de 4% par an en moyenne des émissions de gaz à effet de serre de la population française (objectif minimal que fixent les Nations unies et le Giec [Groupe d'experts intergouvernemental sur l'évolution du climat] aux pays riches) ?

– Faut-il que les principaux indicateurs de progrès ne soient plus le PIB et sa croissance mais un nombre limité d'indicateurs de progrès humain, social et écologique, choisis de façon démocratique ?

– Faut-il un puissant développement de l'économie sociale et solidaire, de la finance et du commerce solidaires, et des coopératives dans plusieurs secteurs ?

– Faut-il décider, pour des raisons écologiques et sociales, de la gratuité de certains biens publics (eau, électricité, crèches...) jusqu'à un seuil permettant d'éradiquer la précarité dans l'accès à ces biens, mais avec ensuite des tarifs progressifs ? Faut-il encourager la gratuité totale ou ciblée des transports collectifs urbains, pour les mêmes raisons ?

– Peut-on plafonner les revenus des plus riches (ou introduire une fiscalité très progressive aboutissant à un résultat voisin) à un niveau tel que l'écart relatif des revenus entre les très riches et les 10 % les plus pauvres ne dépasse pas 1 à 20, dans un premier temps, et moins ensuite ? Faut-il des délibérations citoyennes pour fixer des seuils de pauvreté et de richesse monétaires ?

– Peut-on récupérer – pour réduire la dette publique, éradiquer la pauvreté et lancer les investissements de la transformation écologique et sociale – entre 80 et 100 milliards d'euros par an, sans croissance, par une réforme fiscale, par la suppression de la moitié des niches fiscales et sociales et de la fraude aux cotisations sociales, et par l'élimination des paradis fiscaux (en commençant par interdire aux banques françaises d'y établir des filiales ou établissements relais) ?

– Peut-on socialiser la finance dans notre pays sans attendre que d'autres le fassent, afin d'en finir avec la dictature des actionnaires et leur spéculation sur des biens communs essentiels (la monnaie, le crédit, les produits alimentaires, les matières premières, etc.) ?

2. Questions sectorielles

– Selon vous, faut-il retenir l'essentiel du scénario énergétique Négawatt 2011, qui prévoit entre autres mesures la sortie du nucléaire en vingt-deux ans, la rénovation thermique de 750 000 logements par an après une période de montée en puissance, et la division par deux des émissions des Français dès 2020, puis bien plus au-delà ?

– Peut-on créer en dix ans 100 000 emplois dans l'agriculture si on réoriente la production vers l'agroécologie de proximité et si on organise politiquement la récupération du foncier périurbain afin de créer des ceintures maraîchères autour des villes ? Ou, pour reprendre les termes de l'appel de Stéphane Hessel et d'Edgar Morin (19 octobre 2011), faut-il « favoriser la croissance de l'agriculture et de l'élevage fermiers et biologiques, et la décroissance de la grande exploitation industrialisée » ?

– Faut-il faire croître le petit commerce de proximité et les circuits courts, et décroître les usines à vendre avec leurs circuits longs et leur recours massif au dumping social et environnemental ?

– Faut-il réduire fortement l'emprise de la publicité sur les comportements de consommation, au bénéfice d'une information de qualité principalement prise en charge par des associations indépendantes et par des organismes publics démocratiques ?

– Faut-il d'authentiques services publics et démocratiques, gérés de façon décentralisée, coopérant avec des associations et des territoires, dans les domaines de l'énergie, de l'eau, des transports collectifs et du logement social et écologique ?

– Faut-il développer massivement sur les territoires des services de bien-être associés à des droits pour la petite enfance, les personnes âgées, les personnes handicapées, sur la base d'emplois de qualité et d'organismes publics et associatifs sans but lucratif ?

J'ignore si j'aurai des réponses à ces questions, mais je les placerai sur mon blog au moment de la sortie de la nouvelle édition de ce livre, début janvier 2012, je les adresserai aux candidats, et je m'engage à publier leurs éventuelles réponses sur le même support dès leur réception. Et comme les démarches individuelles n'ont pas la portée des engagements collectifs, j'espère que nombre de ces questions seront reprises et adaptées par des associations, ONG et syndicats, qui sont au cœur des mobilisations pour une autre voie de civilisation.

INTRODUCTION
CONTESTATION DE LA CROISSANCE ET VOIES DE SORTIE

Depuis des décennies, et encore aujourd'hui, la croissance économique nous est présentée comme la solution de tous les grands problèmes du monde et de chacun. Le chômage ? On ne pourrait le réduire qu'avec plus de croissance. Les retraites d'ici à 2050 ? Tout s'arrangerait avec une croissance à perte de vue. La dette publique ? Même argument. La pauvreté, les inégalités excessives et la faim dans le monde ? On ne pourrait les combattre qu'avec la croissance. Et pour surmonter la crise écologique, un remède s'imposerait : la « croissance verte ». La croissance est devenue croyance, culte, baume miracle pour tout panser sans avoir à penser.

Ce livre défend une thèse opposée : la croissance est un concept attaché à un monde en voie de dépérissement, et sa poursuite obsessionnelle nous prépare des lendemains qui déchantent. Mais des voies alternatives crédibles sont à portée de la main. Le culte de la croissance est fondé sur l'oubli des principaux enjeux sociétaux : toujours plus de quoi, pour qui, et avec quelles conséquences ? Il nous interdit d'envisager d'autres hypothèses : la croissance ne serait-elle pas devenue un facteur de crise, un obstacle au progrès, une menace ? Peut-on imaginer un monde bien meilleur parce que débarrassé de ce culte, une « prospérité sans croissance », en tout cas dans les pays « riches », au sens usuel de la richesse économique ? Peut-on aller vers un plein-emploi de qualité et garantir une bonne protection sociale sans croissance ? Nous répondrons positivement à toutes ces questions, en évoquant aussi le cas des pays pauvres.

La contestation atteint les économistes

L'histoire de la pensée économique est riche en contestataires de la croissance infinie. Mais, jusqu'à présent, leurs idées ont été refoulées. Le capitalisme a su, en y mettant d'énormes moyens, utiliser la croissance comme grand argument de vente et de preuve de sa supériorité. Il est parvenu à ancrer dans les esprits l'idée d'une relation étroite entre croissance et progression universelle du bien-être. Ses acteurs dominants savent que la foi en la croissance est la première condition de l'attachement au système.

Pourtant, certains grands économistes qui n'avaient rien d'anticapitalistes se sont exprimés sur les limites de la croissance. C'est le cas de Keynes, dans les *Perspectives économiques pour nos petits-enfants* (1930). Un texte superbe, rejoignant certains élans de Marx. Anticipant en effet que les petits-enfants de sa génération seraient environ huit fois plus riches qu'à son époque, Keynes estimait que, avec cette abondance matérielle, « il sera temps pour l'humanité d'apprendre comment consacrer son énergie à des buts autres qu'économiques »... « L'amour de l'argent comme objet de possession, qu'il faut distinguer de l'amour de l'argent comme moyen de se procurer les plaisirs et les réalités de la vie, sera reconnu pour ce qu'il est : un état morbide plutôt répugnant, l'une de ces inclinations à demi criminelles et à demi pathologiques dont on confie le soin en frissonnant aux spécialistes des maladies mentales[1]. »

Dans la période actuelle de crise, propice au doute sur les bienfaits de la croissance, quelques économistes évoluent, qu'ils soient hétérodoxes (c'est peu étonnant) ou non (c'est un signe des temps). Certes, il s'agit encore d'une petite minorité. Mais cela bouge. Un bon exemple est celui de Nicholas Stern, auteur avant la crise, en 2006, d'un important rapport qui n'excluait absolument pas la conciliation entre poursuite de la croissance et objectifs des scientifiques du Groupe d'experts intergouvernemental sur l'évolution du climat (Giec). Le 11 septembre 2009, il déclarait au quotidien britannique *The Guardian* : « Les pays riches vont devoir oublier la croissance s'ils veulent stopper le changement climatique. »

Du côté de la société civile et des chercheurs

Mais ce n'est pas du côté de la profession des économistes que l'on trouve l'avant-garde des « objecteurs de croissance ». De fait, la grande contestation, dans ce domaine comme dans d'autres, est venue et continue de se manifester pour l'essentiel du côté de la société civile et d'intellectuels, chercheurs et écologistes dont les réflexions fournissent des bases alternatives. Il est juste de mentionner à ce titre que, dès les années 1970, le Club de Rome a fait sensation en publiant le rapport de quatre chercheurs du MIT (Massachusetts Institute of Technology), *Limits to Growth* (1972), imparfaitement traduit par *Halte à la croissance ?* (Fayard, 1973).

En France, le coup d'envoi de la contestation intellectuelle de la période récente a été donné par une

1. Pour d'autres extraits, voir ce lien : http://ecorev.org/spip.php?article507

philosophe, Dominique Méda, dont le livre *Qu'est-ce que la richesse ?*, publié en 1999[2], a suscité des débats et des vocations. Et c'est un autre philosophe, Patrick Viveret, qui a repris le flambeau et élargi les « réseaux d'intéressement » (selon l'expression du sociologue de l'innovation Michel Callon) en 2002 avec son rapport *Reconsidérer la richesse*[3]. Avant eux, bien qu'avec des arguments assez différents, Ivan Illich, André Gorz et quelques autres (François Partant, Jacques Ellul, Nicholas Georgescu-Roegen...) avaient ouvert des réflexions critiques qui trouvent aujourd'hui un écho avec l'aggravation de la crise écologique, explication majeure de la prise de conscience des limites et dégâts de la croissance.

Le courant de la décroissance s'est également affirmé et rencontre un intérêt... croissant depuis une dizaine d'années. Le journal *La Décroissance*, diffusé en kiosque dès 2004, est un succès. Les livres sur le sujet fleurissent. La revue *Entropia* naît en 2006.

À partir de la première moitié des années 2000, des initiatives de plus en plus nombreuses en faveur de « nouveaux indicateurs de richesse[4] » se sont parfois inscrites dans ce courant contestataire de la croissance, bien qu'avec des degrés et des variantes. Elles ont eu suffisamment de force pour que de grandes institutions internationales prennent à leur tour un virage, plus ou moins prononcé selon les cas.

---

2. Publié chez Aubier et réédité en format poche en 2008 sous le titre *Au-delà du PIB. Pour une autre mesure de la richesse* (Flammarion, « Champs »).
3. Réédité lui aussi en 2008 puis en 2010 avec des compléments (éditions de l'Aube).
4. Titre d'un livre de Jean Gadrey et Florence Jany-Catrice, La Découverte, 2e éd. 2007.

Les institutions internationales et la commission Stiglitz

Une institution internationale avait pris de l'avance : le Programme des Nations unies pour le développement (Pnud), dont l'indicateur vedette, l'IDH (Indicateur de développement humain), a été mis au point et diffusé à partir de 1990 comme contre-feu au dogmatisme « pro-croissance » de la Banque mondiale et du Fonds monétaire international (FMI). Mais cette initiative majeure devait rester isolée à l'échelle mondiale jusqu'au tournant de 2007, quand deux institutions que l'on n'attendait pas forcément sur ce thème lancent des conférences internationales de grande ampleur sur le thème de la « mesure du progrès des sociétés » (l'OCDE) et sur la nécessité d'aller « au-delà du PIB » (la Commission européenne). Cela ne les transforme nullement en « objecteurs de croissance », mais contribue à institutionnaliser le questionnement sur le découplage entre la croissance et la progression du bien-être.

En France, Nicolas Sarkozy, pourtant avocat constant d'une croissance forte, nomme en janvier 2008 une commission, présidée par Joseph Stiglitz et animée par Amartya Sen et Jean-Paul Fitoussi, trois économistes à qui l'on fixe comme objectif la remise en cause des indicateurs de croissance, jugés inadaptés à la mesure du progrès. Le rapport de la commission Stiglitz, dont une évaluation a été proposée par le collectif Fair (Forum pour d'autres indicateurs de richesse[5]), ne contient pas de remise en cause de la croissance, mais il développe des critiques dignes d'intérêt – dont beaucoup sont connues depuis longtemps – des dangers de la focalisation sur le PIB et sur

5. Voir le site : http://www.idies.org/index.php?category/FAIR

la croissance. Il invite à utiliser en priorité des indicateurs de bien-être.

Comprendre les réticences

Voici ce qu'on entendait chanter au cours des défilés du 1er mai 2010 sur l'air de *En passant par la Lorraine* :

« Pour relancer la croissance, savez-vous c'qu'il faut ? (bis)

Plus de salaires, de retraite,
Plus d'emploi, moins de chômage,
Oh ! Oh ! Oh !
Voilà ce qu'il faut. »

Comment ne pas comprendre cette référence prioritaire à la croissance quand presque tous les économistes, politiques et médias de tout bord nous expliquent quotidiennement que tout en dépend ? Comment ne pas la comprendre quand tant de gens ne parviennent pas à joindre les deux bouts ? Face à ce qu'il faut bien appeler un attachement populaire à la croissance, la pire des solutions serait de se poser en donneurs de leçons de sobriété pour tous. Il faut comprendre, discuter et démontrer que ceux et celles qui reprennent ces refrains, ainsi que leurs enfants, se porteraient mieux si l'on passait d'une société de croissance à une société solidaire et soutenable, et que cette bifurcation serait bénéfique pour l'emploi et la qualité de vie. C'est le but de cet ouvrage.

Les intentions de ce livre

Le fil rouge de la démonstration est le suivant. Il est d'abord montré (première partie) que la croissance est de moins en moins la solution, et de plus en plus le problème, en tout cas l'un des grands problèmes. Il faut lui dire adieu, au moins dans les pays économiquement riches. Mais il faut le faire sans regret, car la fin de la croissance n'est absolument pas une mauvaise nouvelle. Ce n'est pas la fin du progrès social, ce n'est pas la fin de l'innovation ni celle du dynamisme économique. Ce n'est pas « l'état stationnaire » des économistes classiques du XIXe siècle. Et cela peut même être bon pour l'emploi, beaucoup plus menacé par le productivisme « croissanciste » que par une trajectoire visant la soutenabilité écologique et sociale. La deuxième partie explicite ces idées. Une autre prospérité est possible, si l'on redonne à ce terme son sens initial. Prospérité vient en effet du latin *spero* (s'attendre à) et *pro* (en avant) : faire en sorte que les choses aillent bien, ou mieux, au fil du temps, sans connotation d'abondance matérielle nécessaire. La fin de la croissance – qui se produira vraisemblablement dans tous les cas, mais selon des modalités qui seront très dures si l'on n'anticipe pas – n'est une catastrophe que si l'on reste dans la logique productiviste de « la société de croissance » où nous sommes plongés. Or, il est parfaitement possible d'en sortir. Des scénarios existent, ils doivent être mis en débat et développés.

L'objectif principal n'est donc pas de proposer une énième critique du dogme de la croissance comme solution universelle aux problèmes du monde. Cette critique, nécessaire à des prises de conscience, tomberait largement à plat si des alternatives n'existaient pas pour une refondation désirable, si ces alternatives n'étaient pas crédibles, ou s'il semblait utopique de les mettre en œuvre dès maintenant. Ce livre est d'abord consacré aux perspectives d'une autre trajectoire, aux contours d'une autre modernité, au bien-vivre dans un monde soutenable, et à ce qu'il faudrait entreprendre sans tarder pour enclencher cette grande bifurcation. Mais, pour ces scénarios alternatifs post-croissance, une condition est nécessaire, sans être suffisante : une forte réduction des inégalités sociales, dans le monde et dans chaque pays (troisième partie). Faute de remplir cette condition, on n'atteindra pas les objectifs de reconversion, et en particulier on ne résoudra pas la crise écologique. Sur le simple plan logique, il serait d'ailleurs curieux que ceux qui mettent en avant l'équité entre les générations fassent passer au second rang la pauvreté et les inégalités dans le monde aujourd'hui, c'est-à-dire l'équité au présent.

Il ne fait guère de doute que les modes de production et les modes de vie devront être profondément modifiés dans les années et décennies qui viennent. Il va falloir, en moyenne, adopter des solutions qui, selon les Nations unies, permettent de diviser par cinq d'ici à 2050 les émissions de gaz à effet de serre des pays dits développés ; qui réduisent dans de fortes proportions les transports automobile et aérien, le commerce international sur de longues distances, l'usage de ressources fossiles, d'eau et de matières premières, la consommation de viande bovine et de poisson, etc. Mais la référence à la moyenne laisse entière la question de savoir qui sera prioritairement affecté par ces limitations. L'avenir soutenable n'est nullement dans la réduction de tout, dans l'appauvrissement général et la pénurie, bien au contraire, mais il y aura à la fois des facteurs de développement du bien-être et des diminutions de consommation matérielle dans certains domaines. La réduction des inégalités est absolument décisive pour que tous accèdent à des modes de vie soutenables et désirables.

Cette condition impérative n'est toutefois pas la seule. Un « régime post-croissance » dans une société soutenable est incompatible avec le capitalisme financier et actionnarial encore dominant, qui nous a enfoncés dans une crise d'autant plus durable que rien de sérieux n'a été fait pour réduire le pouvoir de nuisance de la finance libéralisée. La question se pose même de la capacité d'un capitalisme réformé à nous sortir de la zone des tempêtes à répétition. C'est l'un des objets de la quatrième partie, consacrée également à des propositions plus immédiates.

Le temps n'est plus où l'on pouvait définir le « développement durable » en invoquant « les générations futures ». Avec l'espérance de vie actuelle, mes petits-enfants devraient vivre jusqu'en 2085, 2090 ou plus. Sans cesser de penser aux générations du futur, c'est d'abord à eux et aux jeunes de la génération *actuelle* que je dédie ce livre, ainsi qu'aux enfants et aux adultes qui, au Sud, subissent déjà les premiers effets tragiques d'une crise écologique et sociale qui les affame et leur pourrit la vie, avant de pourrir celle de l'humanité si on ne reprend pas tout à la racine.

PREMIÈRE PARTIE
LA CROISSANCE N'EST PAS LA SOLUTION, C'EST UN PROBLÈME

CHAPITRE 1
QUE COMPTE-T-ON ET QU'OUBLIE-T-ON ?

Qu'est-ce que la croissance économique ? Derrière l'idée de croissance économique, il y a celle d'abondance matérielle et d'expansion quantitative de la production dans la sphère monétaire (celle des entreprises et des administrations publiques : santé, éducation, etc.). Mais, pour passer de l'idée à la mesure, des conventions multiples interviennent. L'encadré à la page suivante donne des précisions techniques, mais on peut se contenter de la rapide analyse suivante.

Le point de départ est le calcul du fameux PIB, le produit intérieur brut, qui est la somme de toutes les valeurs (en termes techniques : les valeurs ajoutées) produites dans un pays en une année[1]. C'est la mesure la plus utilisée de la « richesse économique produite ». Le cas observable le plus fréquent est celui où ce PIB « à prix courants » augmente régulièrement d'une année sur l'autre. Mais on comprend bien que, s'il augmente seulement parce qu'il y a de l'inflation, on n'est pas plus « riche » qu'avant en termes de quantités ou de volumes de biens produits. C'est pour cela que la mesure de la croissance s'effectue « en volume » ou « à prix constants » comme étant l'évolution du PIB *déduction faite de l'inflation.* C'est pour la même raison que, pour comparer les pays entre eux, on cherche

1. On ajoute à cette somme la TVA et certains droits de douane.

à éliminer l'effet des variations erratiques ou spéculatives des taux de change en calculant des PIB (ou des PIB par habitant) « en parités de pouvoir d'achat[2] ».

Il n'y a pas besoin d'en savoir plus pour comprendre pourquoi le niveau du PIB par habitant est un mauvais indicateur de bien-être de la population (il n'a d'ailleurs jamais été conçu pour cela) et pourquoi la croissance (qui est celle du PIB) peut diverger fortement des variations d'indicateurs de bien-être ou de développement humain.

La mesure de la croissance

Si l'on ne produisait qu'un type de bien, la progression au cours du temps de sa quantité physique désignerait la croissance économique. Avec un petit nombre de biens, par exemple un « panier » de produits alimentaires de base issus de l'agriculture (ce qui est le cas pour certaines communautés dans le monde), on peut encore mesurer la progression des quantités de chaque type de bien, mais on rencontre une première difficulté : comment mesurer cette expansion quantitative pour le « panier » composé de ces différents biens ? On pourrait faire la moyenne simple des taux de progression des productions de chaque bien. Mais on peut aussi avoir de bonnes raisons de « pondérer » ces taux de progression de façon distincte pour tenir compte, selon divers critères possibles, de l'importance relative des différents biens dans la production.
Dans une économie de marché complexe, si l'on veut refléter en un seul chiffre la progression de l'ensemble des quantités

2. Mode de calcul du taux de change entre deux ou plusieurs monnaies qui consiste à mesurer le coût d'un panier de biens et de services identiques achetés dans chacune des monnaies des pays concernés et à en déduire un taux de change.

produites, la méthode des pondérations précédente est inapplicable : il y a bien trop de produits, des millions sans doute. On s'en sort d'une autre façon, en faisant appel à des prix. On part de nomenclatures de produits, qui sont des regroupements par familles (quelques milliers de familles pour les nomenclatures les plus détaillées), puis on construit des indices de prix sur la base d'un nombre encore plus limité de produits, dont le « panier » est jugé représentatif de l'ensemble. On mesure aussi la somme des valeurs (valeurs ajoutées) produites par toutes les branches : c'est le produit intérieur brut (PIB). En monnaie courante, par exemple en euros, on connaît sa progression d'une année sur l'autre, soit par exemple 3 %. Mais, pour gommer le fait qu'une partie de ces 3 % tient à de l'inflation et non à l'évolution des quantités (et qualités), il faut une dernière opération, qu'on appelle le « partage volume/prix ». Si l'indice de prix des biens qui composent le PIB progresse de 1 %, on dira dans cet exemple que le PIB « à prix constants », ou en volume, a progressé de 2 %.

La complexité de la méthode ne doit pas faire oublier qu'elle a pour fonction de dire si le panier qui compose le PIB est globalement en expansion quantitative (et pour une part qualitative), et de combien. Il existe des méthodes visant à intégrer les variations de qualité de certains produits dans les indices de prix et donc dans la mesure de la croissance. Mais, comme l'a reconnu la « commission Stiglitz », ces ajustements sont non seulement incertains lorsqu'ils existent, mais ils font totalement défaut pour la plupart des services (soit les trois quarts de l'emploi), et plus encore pour les services non marchands (éducation, santé, administrations...) et associatifs. Et ils ne tiennent aucun compte des conditions écologiques et sociales de la production. On peut donc dire que c'est la « croissance quantitative » qui est avant tout mesurée via les « volumes statistiques[3] ».

3. Voir aussi l'annexe de la deuxième partie, page 123.

Cette façon de définir la richesse nationale et sa progression a en effet des conséquences majeures :

– Tout ce qui peut se produire et se vendre avec une valeur ajoutée monétaire va gonfler le PIB et la croissance, *indépendamment du fait que cela ajoute ou non au bien-être individuel et collectif*. La destruction organisée des forêts tropicales pour y planter du soja transgénique ou des végétaux destinés aux agrocarburants est bonne pour le PIB des pays concernés et pour le PIB mondial. Peu importe que ce soit une catastrophe écologique et que les peuples indigènes soient chassés *manu militari* : rien de tout cela n'entre dans le PIB. L'excès de profits des banques américaines (10 % des profits des entreprises en 1980, 40 % en 2007) a été un facteur de progression du PIB alors qu'on admet aujourd'hui la nocivité de cette bulle. Lorsque des entreprises paient des salariés qualifiés pour faire en sorte que les biens « durables » qu'elles vendent ne durent pas plus que la période de garantie, c'est bon pour la croissance. Et lorsque les dépenses de santé américaines progressent à un rythme effarant alors que l'espérance de vie perd du terrain par rapport à celle de la plupart des pays (voir chapitre 2), c'est encore bon pour le PIB, tout comme le « boom » des prisons dans ce pays, qui compte dix fois plus de personnes incarcérées que dans nombre d'États européens.

– De nombreuses activités et ressources qui contribuent au bien-être ne sont pas comptées : le bénévolat, le travail domestique, le temps libre… et bien entendu les ressources naturelles gratuites, qui n'intègrent le PIB que lorsqu'elles sont exploitées à des fins marchandes. Remplacer, comme il faudrait le faire dans presque tous les cas, l'eau en bouteille par de l'eau du robinet, c'est un délit contre le PIB et contre la croissance.

– La mesure du PIB est indifférente à la répartition des richesses comptabilisées, aux inégalités, à la pauvreté, à la sécurité économique, etc., qui sont pourtant presque unanimement considérées comme des dimensions du bien-être à l'échelle d'une société. Non seulement le PIB et la croissance n'ont pas grand-chose à voir avec le bien-être, *mais ils ne nous envoient pas les signaux permettant d'agir et de prévenir à temps les crises majeures*. Il faut d'autres indicateurs pour cela. La crise a montré que la vive croissance américaine des dix dernières années, partout montrée en exemple comme le modèle à suivre, était un « mirage » selon les termes de Joseph Stiglitz. Selon lui, cette croissance n'était pas soutenable sur le plan financier et économique : la crise l'a prouvé. Ni sur le plan social : la majorité des Américains a en réalité connu une décennie de stagnation ou de déclin. Ni sur le plan environnemental : les indicateurs physiques enregistrent un dépassement des principaux seuils d'alerte.

Au total, le PIB et sa croissance indiquent le « beaucoup-produire » d'une société dans la sphère monétaire et marchande, et non son bien-être. Et encore moins sa soutenabilité écologique, sociale et même économique et financière !

Faut-il pour autant jeter au panier ces indicateurs devenus des fétiches ? Non ! Il faut juste les utiliser dans leur domaine de validité, très réduit, et sous réserve de connaître leurs limites. Il faut les remettre à une place qu'ils n'auraient jamais dû quitter. Il est utile évidemment de connaître la somme des valeurs ajoutées, le partage de cette valeur ajoutée entre salaires et profits, l'évolution des volumes produits, les indices de prix. La comptabilité nationale est une belle invention, indispensable à certaines analyses. Y compris pour contester le culte de la croissance et pour montrer, chiffres à l'appui, que la croissance ne fait ni le progrès ni le bonheur ! C'est ce à quoi nous allons nous employer par la suite.

annexe
LE PIB ET LA CROISSANCE : DES ATTRIBUTS MASCULINS ?

Le PIB et la croissance ne sont pas neutres sur le plan du « genre ». Voici trois indices.

1. Quand on se penche sur l'histoire de l'invention du PIB, on ne trouve que des hommes. 100 % d'hommes. On peut rétorquer : c'est normal, avant le milieu du XXe siècle, les femmes n'avaient même pas le droit de vote (elles l'exerceront pour la première fois en avril 1945 en France), on n'allait pas leur demander de bâtir les comptes de la nation... Cela dit, une invention mise au point seulement par des hommes pour définir la richesse de la nation peut-elle être « neutre » au sens du genre ? Nous allons voir que, dans le cas du PIB, la réponse est : non.

2. La grande référence pour comprendre comment les comptes nationaux se sont installés dans le paysage français après la guerre est le livre de François Fourquet *Les Comptes de la puissance. Histoire de la comptabilité nationale et du plan*, publié en 1980 (Recherches/Ipraus). L'auteur se fonde notamment sur une enquête directe par entretiens auprès de tous les grands acteurs de la période. La mise au point des comptes de la nation s'est effectuée dans des logiques de puissance guerrière et, après la guerre, de reconstruction industrielle. Dans les années 1930, un objectif central était de donner

aux gouvernements une vision des ressources mobilisables en cas de guerre. Fourquet écrit : est alors considéré comme productif « ce qui crée la richesse et la puissance d'une nation en guerre... C'est la défaite de 1940 qui a éveillé beaucoup de mes interlocuteurs et les a portés vers l'étude économique, parce qu'ils ont vu sa cause ultime dans la faiblesse industrielle et le malthusianisme de la France ». C'est aussi pour cela qu'il a fallu attendre près de trente ans pour qu'en France, en 1976, les services non marchands, liés dans l'imaginaire collectif à la reproduction de la société (éducation, santé, protection sociale...) plus qu'à la production et à la puissance matérielles, soient considérés comme dignes de figurer dans le PIB.

Mais la puissance, la guerre, la performance technique et l'industrie sont, si je puis dire, des attributs masculins. Il y a bel et bien des représentations sexuées de la richesse, du développement et du progrès. La sociologue Françoise Héritier (dans son livre *Masculin/Féminin II*, Odile Jacob, 2002) en fournit un exemple spectaculaire : « Récemment, une enquête d'opinion publique a été menée par des sociologues pour savoir quels étaient les principaux événements du XXe siècle. Les hommes répondent majoritairement qu'il s'agit de la conquête de l'espace. À 90 %, les femmes mettent en premier le droit à la contraception. » D'un côté, la puissance, sinon la guerre et la domination technique sur la nature ; de l'autre, un aspect central du développement humain et de la liberté de choix de vie, au sens d'Amartya Sen.

Bien entendu, évoquer des logiques de guerre, de puissance et de domination n'exclut pas que la comptabilité nationale ait été principalement utilisée depuis un demi-siècle à des fins pacifiques et mise au point par des gens épris de paix et d'émancipation humaine. Mais ne pas admettre qu'elle a aussi incorporé à l'origine des préoccupations très masculines de puissance économique, de puissance étatique, de puissance de feu si besoin, serait se voiler la face.

3. La plupart des gens l'ignorent : la production domestique de biens – ou « autoproduction » – est intégrée au PIB via une équivalence monétaire ou « imputation », mais pas la production domestique

de services. Comment diable expliquer que, lorsque Monsieur fait son jardin potager ou construit un garage, et que Madame fait le ménage, la cuisine, et s'occupe des enfants, seul le premier contribue à la richesse nationale officielle ? Celui qui cultive des pommes de terre dans « son » potager contribue au PIB, pas celle qui les cuit dans « sa » cuisine !

Divers arguments fort embarrassés sont mobilisés pour expliquer cette curiosité[4]. Aucun ne résiste à un examen attentif[5]. C'est d'abord parce que ces activités sont socialement dévalorisées en raison de leur caractère réputé « féminin » qu'elles ne sont pas valorisées monétairement dans le PIB, alors que les activités « masculines » de production domestique de biens le sont.

Dire cela ne signifie pas qu'il faudrait que le PIB (ou un PIB bis) compte toutes les activités non marchandes. C'est une autre question (voir ce qu'en dit Annie Fouquet dans l'ouvrage collectif *Masculin-Féminin. Questions sur les sciences de l'homme*, PUF, 2001). Mais il reste qu'en matière de travail domestique, le fait que le PIB intègre une partie des travaux principalement masculins et pas du tout les travaux massivement féminins est une pure discrimination maquillée. La seule explication se trouve dans des représentations sexuées de l'économie et de ce qui compte vraiment (pour les hommes qui la dirigent).

4. Voir André Vanoli, *Une histoire de la comptabilité nationale*, La Découverte, 2002.
5. Voir sur mon blog le texte « Le sexe du PIB ».

CHAPITRE 2
LE MIEUX-ÊTRE DÉCONNECTÉ DU « PLUS-AVOIR »

Pour savoir s'il est possible que les gens et la société se portent mieux et préparent un meilleur avenir en ne recherchant plus la croissance quantitative, on peut s'appuyer sur des constats statistiques. Nous évoquerons d'abord l'apport – limité – des statistiques du « bien-être subjectif », ou de « satisfaction de vie ». Puis nous nous poserons la question : les pays les plus riches matériellement, selon le critère du PIB par habitant, sont-ils aussi ceux où l'on vit le plus longtemps en bonne santé, où les gens ont une éducation plus poussée, où les inégalités sont plus faibles, la cohésion sociale plus forte, les violences et délits moins fréquents, avec plus de démocratie, etc. ?

Le bonheur est-il dans le « plus » ?

Une façon apparemment simple (mais en réalité très difficile à interpréter) de mesurer le bien-être consiste à poser directement la question aux gens, dans des enquêtes d'opinion : « Êtes-vous satisfait de la vie que vous menez ? » Ils peuvent y répondre, par exemple, sur une échelle de 0 à 10. Si des enquêtes semblables sont organisées dans d'autres pays avec la même question, on peut classer les pays selon le degré moyen de « satisfaction de vie » (*« life satisfaction »* dans les travaux en langue anglaise) de leur population. On peut aussi, dans chaque pays, rééditer régulièrement l'enquête pour suivre l'évolution de cette mesure du « bien-être subjectif » à travers le temps.

Existe-t-il une corrélation statistique[1] entre le PIB par habitant (PIB/h) et la « satisfaction de vie » moyenne ainsi mesurée ? Deux voies sont possibles pour tenter de répondre : la comparaison internationale et le suivi dans le temps. La première consiste à se placer à un moment donné et à examiner si, dans les pays plus riches, les gens se déclarent plus satisfaits de leur vie que dans les pays plus pauvres.

Le graphique ci-contre montre que le bien-être subjectif moyen a tendance à progresser de façon très significative avec le PIB/h lorsqu'on va de la gauche vers la droite du graphique. La forme de la corrélation est « logarithmique », c'est-à-dire que le « rendement » du PIB/h en termes de satisfaction est décroissant. Autrement dit : l'augmentation de la richesse d'un pays s'accompagne d'un accroissement de plus en plus faible de la satisfaction moyenne de la population. Ce n'est pas étonnant a priori vu que la satisfaction est bornée (par le maximum 10) alors que le PIB/h ne l'est pas. Plus surprenant toutefois est le constat suivant : dans le groupe des pays dont le PIB/h dépasse 15 000 dollars par an en 2004 en parités de pouvoir d'achat, soit trente et un pays, on ne trouve plus aucune corrélation. Le « rendement en bonheur » du PIB/h semble donc nul au-delà d'un niveau qui correspond à la moitié du PIB/h en France !

---

1. Pour savoir si les évolutions de deux variables sont liées statistiquement de manière importante (les statisticiens disent que le lien est « significatif »), on utilise des tables qui font intervenir le nombre de « points » (ici, les pays) et un coefficient baptisé R^2, variant entre 0 et 1. Les deux variables peuvent être très liées (R^2 élevé) ou non (R^2 faible). La corrélation peut être linéaire (les variables évoluent de manière proportionnelle), logarithmique (moins que proportionnelle, comme dans les cas étudiés ici), etc.

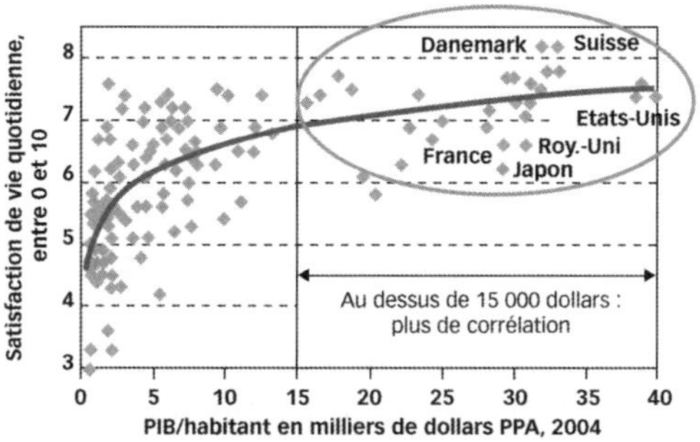

Source : traitement personnel de données de The Happy Planet Index, *New Economic Foundation, 2006.*

Que se passe-t-il si, dans les pays développés où de telles enquêtes existent depuis longtemps, on suit dans le temps les évolutions de la « satisfaction de vie » moyenne ? En France, entre 1973 et 2005, alors que l'abondance matérielle (le PIB/h) a progressé de 75 %, le bien-être subjectif a stagné à un niveau assez bas, autour de 6,6 sur 10. Pour d'autres pays occidentaux, on obtient également une quasi-stagnation, avec de rares cas de légère hausse (Italie) ou de légère baisse (Belgique)[2].

Peut-on déduire des résultats précédents que « la croissance ne fait pas le bonheur », au moins à partir d'un certain seuil de richesse matérielle ? Ce serait aller un peu vite en besogne. L'interprétation des données de satisfaction de vie, comme de toutes les enquêtes d'opinion, est délicate, notamment parce que les normes sociales de bien-être sont évolutives. On n'est peut-être pas plus « heureux » aujourd'hui en disposant de deux fois plus de biens qu'en 1970, mais

2. Voir Isabelle Cassiers et Catherine Delain, « La croissance ne fait pas le bonheur », *Regards économiques* n° 38, Ires/UCL, Louvain, mars 2006.

si nous étions contraints d'en revenir au niveau de vie de 1970, nul doute que la majorité d'entre nous estimerait que son bien-être est affecté. Il en va de même des comparaisons entre pays : le bien-être subjectif est plus élevé au Honduras (et dans d'autres pays d'Amérique latine) qu'en France, alors que le PIB/h y est dix fois inférieur, mais les Français apprécieraient peu les conditions de vie qui règnent dans ce pays. Faut-il voir dans cet attachement au niveau de vie une addiction à une consommation effrénée suscitée par la publicité et d'autres dispositifs de création de besoins superflus ou mimétiques (voir chapitre 5) ? S'agit-il plutôt de conquêtes sociales légitimes ? Ce débat essentiel peut être éclairé en suivant une autre piste, plus « objective », celle des indicateurs de développement humain.

Santé : toujours plus n'est pas toujours mieux

Prenons comme critère l'espérance de vie moyenne à la naissance dans chaque pays. Le graphique ci-dessous[3] confirme la corrélation positive dans l'ensemble des pays du monde.

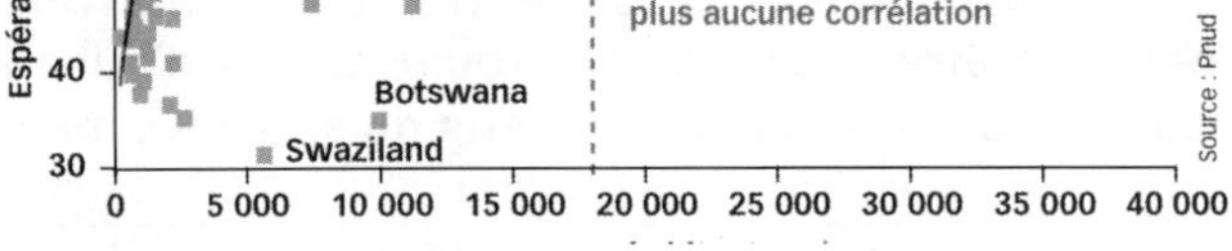

3. Données de base : Programme des Nations unies pour le développement.

Mais, si l'on fait un zoom sur le groupe des vingt-neuf pays à plus de 18 000 dollars de PIB/h (second graphique), toute corrélation disparaît. Et pourtant, entre ceux qui font le mieux et ceux qui font le moins bien, on a autour de six ans d'écart d'espérance de vie.

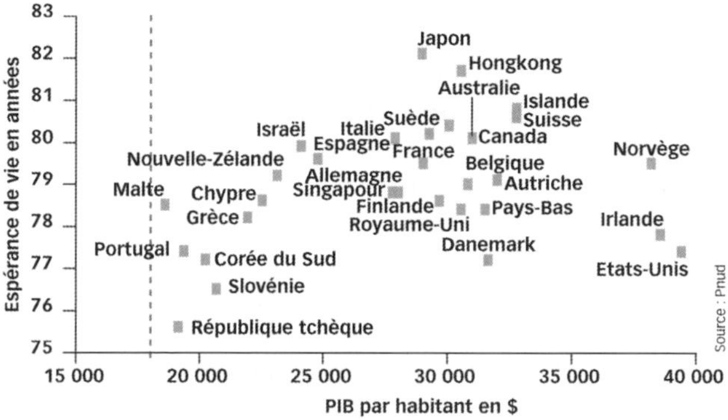

Pourquoi certains pays qui sont quatre ou cinq fois moins « riches » que les États-Unis, comme le Costa Rica, ont-ils la même espérance de vie moyenne que ce dernier pays ? Pourquoi, à partir d'un certain seuil de PIB par habitant, au demeurant assez bas, les espérances de vie ne sont-elles plus corrélées à cette variable ? Pourquoi, malgré ce dernier constat, l'espérance de vie continue-t-elle à progresser presque partout, y compris aux États-Unis, mais à un coût croissant ?

Selon des évaluations assez convergentes, la santé d'une population dépend de multiples facteurs : l'environnement social et physique, les conditions de vie et de travail, les niveaux de vie et leur distribution, les niveaux d'éducation... Et bien sûr de l'accès à la médecine et au système de soins, facteur qui ne contribuerait cependant qu'à hauteur de 20 à 25 % seulement à la santé.

Dans ces conditions, on comprend que la richesse matérielle (dans certaines de ses composantes) importe dans un premier temps. Moins parce qu'elle autorise la mise en place d'un système de soins (ce qui compte) que parce qu'elle influe sur les conditions de vie (alimentation, eau potable et assainissement, hygiène, etc.), d'éducation, de protection sociale, etc. Mais, dans un deuxième temps, les modes de vie du modèle productiviste, l'alimentation inadéquate et excessive, les pollutions (chimiques, de l'air, de l'eau...), les inégalités et les violences tendent, dans certains pays plus que dans d'autres, à influer négativement sur la santé, et surtout sur celle des catégories les plus exposées. Dans les pays qui parviennent à le financer, le système de soins est alors engagé dans une course-poursuite de « réparation » de dégâts divers produits par une économie et une société pathogènes. Il y a certes toujours des progrès médicaux et sanitaires. Mais une partie croissante d'entre eux, la moitié aux États-Unis selon certains, ne fait que contrer les effets délétères sur la santé du mal-vivre, de la malbouffe, de l'obésité, du mal-environnement, du mal-travail, de la précarité, de la violence endémique. Ce sont les pays où ces dégâts et ces gaspillages sont les plus patents qui sont « condamnés », s'ils en ont les moyens, à dépenser toujours plus pour la santé (voir annexe page 44) sans parvenir, dans le cas des États-Unis, à faire mieux que Cuba, où l'espérance de vie est de 78 ans selon l'OMS !

Éducation : mêmes constats

On retrouve des tendances identiques en matière d'éducation : le graphique suivant indique une très forte corrélation, si l'on prend l'ensemble des pays du monde, entre le PIB/h et le taux de scolarisation des jeunes dans le second cycle de l'enseignement, une variable souvent utilisée comme critère d'un bon accès à l'enseignement. Mais il n'existe plus aucune corrélation si l'on se limite au groupe des pays situés au-dessus du seuil, assez faible, de 12 000 dollars.

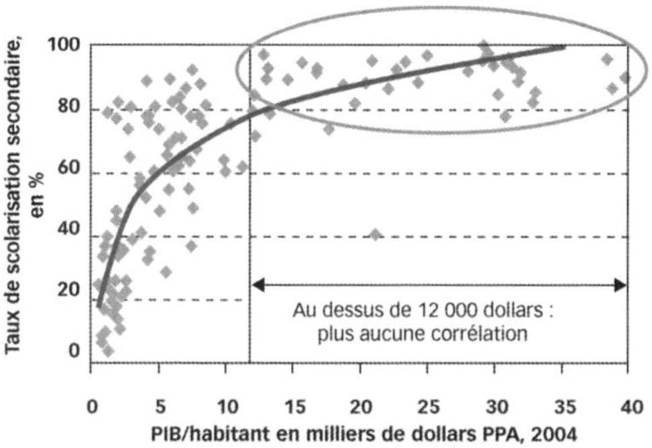

Source : traitement personnel de données du Pnud (2006).

On pourrait multiplier les exemples. Dans pratiquement tous les cas, on constate que les variables disponibles de développement humain, de cohésion sociale, de pauvreté, d'inégalités économiques ou politiques entre les femmes et les hommes, de délits, etc., ou bien ne sont pas du tout corrélées au PIB/h (c'est le cas pour les indicateurs d'inégalités de revenu et d'inégalités de participation des femmes et des hommes à l'activité économique), ou bien sont corrélées pour l'ensemble des pays du monde, mais ne le sont plus dans un groupe de pays situés au-delà d'un certain seuil de PIB/h (selon les cas, de 10 000 dollars à 18 000 dollars en 2004).

L'interprétation de tels résultats n'est pas immédiate, car une corrélation n'est pas une causalité. Mais ce qui fait le plus réfléchir est la disparition de toute corrélation au-delà de certains seuils (entre le tiers et les deux tiers du PIB/h en France), car cela conduit à penser que, dans tous ces domaines, on peut atteindre les mêmes résultats avec nettement moins de richesse économique.

annexe
SANTÉ : TOUJOURS PLUS DE DÉPENSES, MAIS AVEC QUEL RÉSULTAT ?

Les trois graphiques qui suivent ont été composés à partir des données internationales 2009 de l'OCDE sur la santé. Ils autorisent une édifiante comparaison entre la France et les États-Unis. Commençons par un grand classique : le poids des dépenses totales de santé (publiques et privées) dans le PIB depuis 1960. C'est le premier graphique.

Le poids des dépenses de santé est supérieur aux États-Unis dès le début de la période, mais l'écart commence à se creuser à partir des années 1980. On atteint 16 % en 2007 contre 11 % en France. Et, selon une publication de février 2010[4], on est passé à 16,2 % en 2008 et... 17,3 % en 2009, ce dernier chiffre s'expliquant en partie par une diminution du PIB américain. Les mêmes auteurs prévoient un chiffre de 19,3 % en 2020.

4. http://www.bmj.com/content/340/bmj.c772

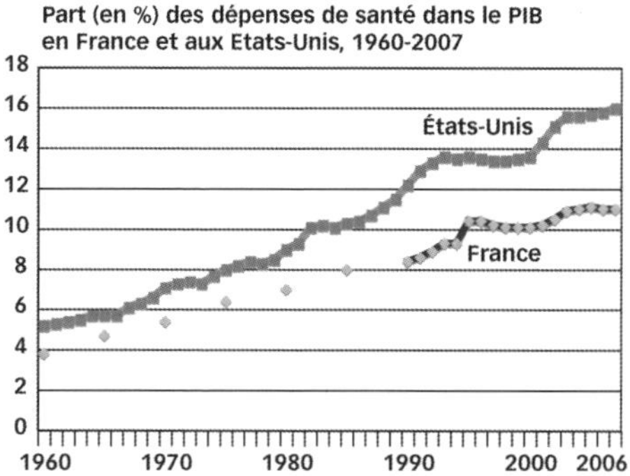

Mais il y a plus impressionnant comme creusement de l'écart des dépenses de santé. Le deuxième graphique, ci-dessous, porte sur le montant moyen des dépenses par habitant, exprimées en dollars par habitant et par an, moyennant une conversion classique de la monnaie française (le franc, puis l'euro) en dollars via des « parités de pouvoir d'achat ».

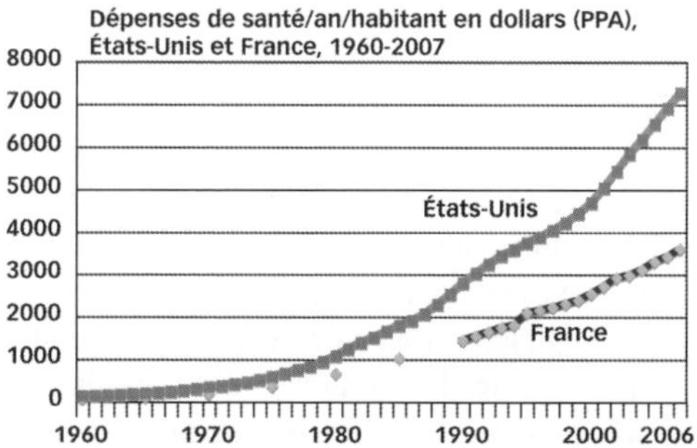

À nouveau, l'écart se creuse à partir des années 1980, et il atteint un niveau spectaculaire en fin de période : en 2007, les dépenses de santé par habitant sont de 7 300 dollars aux États-Unis et de 3 600 en France, moins de la moitié ! Avec de tels différentiels de dépenses pour la santé, on pourrait croire que l'espérance de vie des Américains l'emporte de plus en plus sur la nôtre. Le troisième graphique, ci-dessous, répond à cette question.

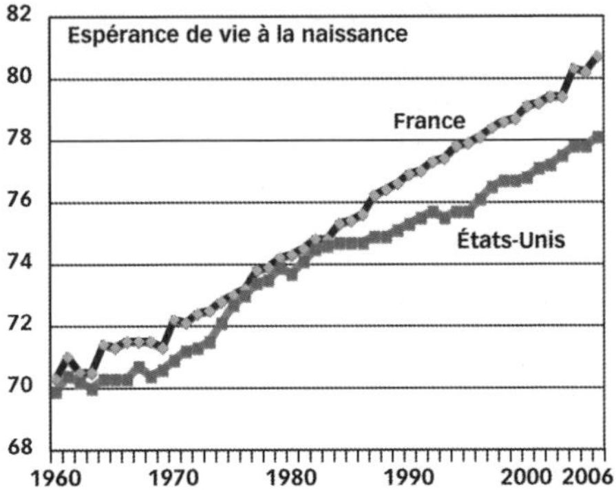

L'espérance de vie à la naissance, qui était proche dans les deux pays entre 1960 et le début des années 1980, commence à décrocher vers 1983-1984. En 2007, l'écart atteint 2,6 ans en faveur des Français (80,7 ans contre 78,1 ans). C'est au moment où les Américains se mettent à dépenser de plus en plus par rapport à nous qu'ils se font distancer de plus en plus ! Et pourtant, nous savons tous que le système de santé et d'assurance-maladie a pris des coups en France depuis au moins dix ans. Mais, comparé à son homologue américain, il reste bien meilleur, tout comme le sont les modes de vie et de consommation, les chiffres de l'obésité, de la pauvreté, des violences et de la « santé sociale » en général. Raison de plus pour défendre le « modèle social français » contre les tentatives d'importation du *« made in USA »*. En matière de santé, c'est le libéralisme économique inégalitaire qui conduit à la gabegie, et la « socialisation égalitaire » qui est du côté de la sobriété et de l'efficacité. Des corrélations assez évidentes existent d'ailleurs entre les contre-performances américaines sur le plan de la santé à partir des années 1980 et la forte dégradation de la « santé sociale » aux États-Unis, mesurée avec un indicateur synthétique (dernier graphique, ci-dessous) faisant la moyenne de neuf indicateurs sociaux d'exclusion, de pauvreté ou d'inégalités[5]. La série s'arrête malheureusement en 1996, mais elle est suffisante pour mettre en relief le grand plongeon de la santé sociale des Américains à partir des mêmes années 1980, alors que le PIB par habitant poursuit son envolée.

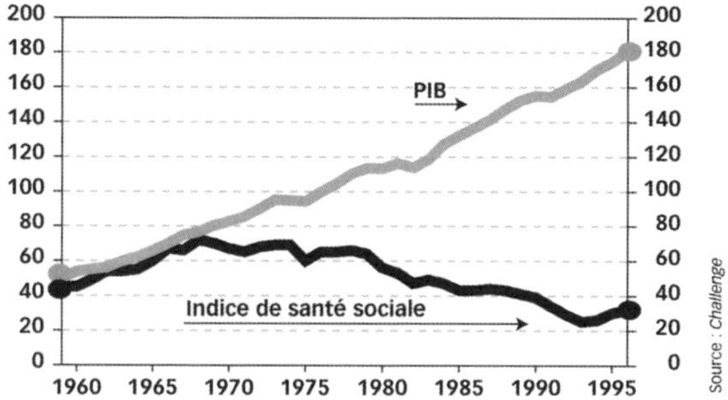

Un dernier chiffre : un rapport du département de l'Agriculture des États-Unis montre qu'entre 1999 et 2008 le nombre de personnes en état de « très faible sécurité alimentaire » (des personnes qui souffrent régulièrement de la faim) est passé de 3,1 millions à 6,7 millions[6].

5. Indicateur dont la construction est explicitée dans notre livre, *Les Nouveaux Indicateurs de richesse, op. cit.*
6. Voir : www.ers.usda.gov/Publications/ERR83/ERR83.pdf

CHAPITRE 3
LA CROISSANCE CONTRE L'ENVIRONNEMENT NATUREL

Les variables de développement ou de « progrès » utilisées au chapitre précédent font abstraction de la durabilité du développement, c'est-à-dire de la possibilité de garantir dans le futur (y compris le futur proche) les ressources d'un bien-être au moins comparable à celui des habitants du monde présent, et si possible meilleur. Or, s'agissant de la durabilité écologique, les constats sont malheureusement inquiétants et convergents.

Le cas du climat

Le graphique ci-dessous représente, pour tous les pays du monde, le niveau des émissions de dioxyde de carbone (CO_2) par habitant en fonction du PIB/h. Ce gaz est le plus important des gaz à effet de serre, ceux qui contribuent au réchauffement climatique (voir en annexe page 55 une évocation du débat sur le rôle des activités humaines dans ce réchauffement).

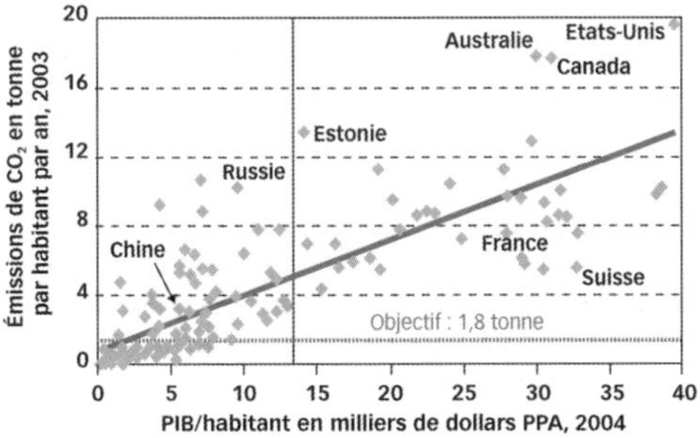

Source : traitement personnel de données du Pnud (2006).

Il existe une très forte corrélation, linéaire cette fois (tendance à la proportionnalité des variations) : quand le PIB/h augmente de 3 000 dollars, les émissions annuelles de CO_2/h progressent en gros d'une tonne. Cette corrélation s'affaiblit au-dessus d'un seuil d'environ 13 000 dollars en 2004 (soit trente-six pays), sans disparaître en raison de l'influence des trois pays les plus pollueurs : les États-Unis et l'Australie, qui n'ont pas signé le protocole de Kyoto (l'Australie étant ensuite revenue sur ce refus), et le Canada (qui l'a signé en 2002, mais dont le gouvernement a révisé sa position en 2006). On obtient une semblable corrélation linéaire, plus forte, entre le PIB/h et l'empreinte écologique[1] par habitant des pays.

Si l'on raisonne au cours du temps, la croissance économique reste bien le grand facteur explicatif actuel de la progression des émissions. Il est vrai que, depuis les années 1970, l'« intensité CO_2 du PIB » mondial (qui mesure les émissions par unité de PIB) a diminué d'un bon 40 %. Mais, comme le PIB mondial a été multiplié par plus de 3 en volume, les émissions ont été multipliées par 1,9 ! En France, entre 1970 et 2005, les émissions de CO_2 ont diminué d'environ 10 % alors que le PIB a été multiplié par 2,4. Ce « découplage » peut-il être considéré comme un résultat encourageant ?

Pas vraiment car, s'agissant de l'influence de la croissance sur la durabilité du bien-être, ce qui compte est essentiellement le niveau absolu « soutenable »

1. L'empreinte écologique d'une population est la surface de la planète dont cette population dépend, compte tenu de son mode de vie et des techniques actuelles, pour ses besoins en produits du sol (agriculture, sylviculture) et en zones de pêche, en terrains bâtis ou aménagés (routes et infrastructures), et en forêts capables de recycler les émissions de CO_2.

d'émissions qu'il faut viser à terme (d'ici à 2050, par exemple, date qui revient habituellement dans les scénarios). Or, la moyenne actuelle des émissions des pays riches est, selon le Pnud, cinq fois supérieure au seuil absolu qu'il faudrait atteindre dans les prochaines décennies, lequel est de l'ordre de 1,7 à 1,8 tonne de CO_2 par habitant et par an dans le monde (droite horizontale sur le graphique précédent). En France, il faudrait réduire les émissions d'environ 4 % par an pour espérer garantir, sur le seul plan du climat, la durabilité du bien-être. L'empreinte écologique par habitant des pays riches devrait, quant à elle, être divisée à terme par un facteur 3 à 5.

Il n'y a pas que le climat

Nous verrons dans la deuxième partie que l'humanité a franchi depuis près de cinquante ans le « seuil de soutenabilité » de ses émissions de gaz à effet de serre, de sorte qu'il lui faudra des politiques d'un grand volontarisme (dont, selon nous, la fin de la croissance quantitative) pour revenir à ce seuil d'ici à 2050 afin d'éviter des scénarios catastrophes. Mais il existe d'autres seuils écologiques déjà franchis ou qui vont l'être dans les prochaines décennies ; or, on en parle peu. L'étude 2010 de la NEF (New Economic Foundation) intitulée *Growth isn't possible* mentionne trois seuils déjà franchis, dont celui qui concerne le climat, et plusieurs autres qui sont proches de l'être. Cette analyse s'appuie sur un article de la revue *Nature* cosigné par vingt-neuf scientifiques de renom[2]. Neuf types de seuils ou de « frontières de la planète » sont identifiés. Le deuxième seuil franchi est le rythme soutenable de réduction de

2. « A safe operating space for humanity », septembre 2009.

la biodiversité (le nombre des espèces animales et végétales). L'estimation des scientifiques est la suivante : il ne faudrait pas dépasser le taux de disparition annuelle de dix espèces pour dix millions. On en est à plus de cent. Troisième seuil franchi : celui de l'azote prélevé dans l'atmosphère pour des usages humains[3], essentiellement dans l'agriculture. Les prélèvements actuels sont quatre fois plus importants que le seuil soutenable. On s'approche dangereusement par ailleurs de six autres seuils, par exemple en matière d'acidification des océans ou de diminution de l'ozone de la stratosphère. L'encadré qui suit évoque le cas des forêts, des terres arables et de l'eau.

> « Les forêts sont continuellement dégradées par l'activité humaine (-0,2 % par an), principalement en Afrique et en Amérique du Sud. 150 millions d'hectares de la forêt amazonienne ont disparu depuis 1970, soit 15 % de sa surface initiale. Et cela continue. Enfin, la superficie des terres agricoles diminue : la planète ne compte qu'environ 1,4 milliard d'hectares de surfaces cultivables pour nourrir 6,7 milliards de personnes, soit 0,2 hectare par personne. De plus, les surfaces se réduisent avec le développement de l'urbanisation, les prélèvements d'eau excessifs... Et la fertilité d'une partie des terres agricoles se dégrade, en particulier dans les régions pauvres[4]. »
> L'Unesco alerte quant à elle sur l'aggravation des risques de pénurie mondiale d'eau douce, risques qui concernent déjà 1,7 milliard de personnes dans le monde[5].

3. C'est l'une des étapes du « cycle de l'azote ».
4. Source : http://www.abcvert.fr/actualites/conso-durable/ressources-naturelles.html
5. *Le Courrier de l'Unesco*, vol. 54, 10, 2001.

Il ne s'agit là que de seuils concernant les ressources dites renouvelables, celles que la nature peut régénérer selon ses propres processus et rythmes, si on lui en laisse le temps, en ne la surchargeant pas de « travaux de recyclage ». Mais nous verrons au chapitre suivant que le bilan n'est pas plus brillant pour ce qui concerne les ressources non renouvelables (notamment celles qui sont les plus indispensables à la croissance), en particulier celles du sous-sol, pour la plupart en voie d'épuisement dans les décennies à venir.

On ne peut plus se soucier du bien-être et du patrimoine naturel au futur sans prendre en compte tous ces phénomènes de seuil et d'épuisement, et sans se fixer des objectifs de retour à la mesure dans nos rapports avec la nature. Ces objectifs de réduction des pressions sur l'environnement peuvent-ils être envisagés avec le maintien d'une croissance économique réorientée, ce que certains affirment en fondant leurs espoirs sur les technologies et les économies d'énergie et de ressources naturelles ? C'est l'objet du chapitre suivant.

Croissance passée et développement humain

Si des débats existent sur la possibilité d'une croissance future « durable » (voir chapitre 4), on est en revanche certain qu'un siècle de croissance passée a déjà fortement dégradé le bien-être présent dans le monde et va peser lourdement au cours du XXIe siècle. Le rapport 2007-2008 du Pnud[6] fournit une parfaite illustration, dans le cas du climat, du fait que

6. Rapport mondial sur le développement humain 2007-2008, accessible en ligne sur le site du Pnud : http://hdr.undp.org/en/reports/global/hdr2007-2008/chapters/french/

« la création de richesse économique n'est pas la même chose que le progrès humain ».
Les causes : au-delà de 11 à 12 milliards de tonnes d'émissions mondiales de CO_2 d'origine humaine par an (soit 1,7 à 1,8 tonne par habitant[7]), montant maximum que la nature peut absorber, le surplus s'accumule dans l'atmosphère pendant un siècle et provoque l'effet de serre et le réchauffement climatique. *On a dépassé ce niveau soutenable vers la fin des années 1960.* On en est aujourd'hui à deux fois plus dans le monde, ce qui garantit que, même si nous revenions vite au seuil tolérable, le réchauffement du climat se poursuivrait pendant un siècle, avec d'autant plus d'ampleur que l'on retarde les mesures à prendre.
Dès aujourd'hui, ces phénomènes, conséquences d'un demi-siècle de croissance passée, se font sentir, surtout pour les plus pauvres de la planète, en termes de réduction du bien-être. Le réchauffement climatique devient l'un des principaux facteurs de « l'arrêt du développement humain », par ses effets sur l'agriculture et sur la sécurité alimentaire (sécheresse), sur les pénuries d'eau, la disparition d'écosystèmes vitaux, l'exposition aux inondations des zones côtières, les risques sanitaires accrus (paludisme, par exemple), et sur le renforcement des inégalités sociales.
Ce qui est déjà observable va s'aggraver. Toujours selon le Pnud : « Le changement climatique pourrait exposer 600 millions d'individus de plus au problème de la malnutrition d'ici à 2080, provoquer le déplacement de 330 millions de personnes du fait des inondations, faire passer à 1,8 milliard le nombre de celles confrontées à une pénurie d'eau. » « Pour les 40 % les plus pauvres, soit environ 2,6 milliards d'individus, nous nous trouvons à la veille de changements climatiques qui remettront en cause les perspectives de développement humain. »

7. http://www.manicore.com/documentation/serre/quota_GES.html

annexe
LE « CLIMATO-SCEPTICISME »

Une partie des hypothèses et propositions de ce livre repose sur la conviction qu'une grave crise écologique, aux conséquences humaines et sociales considérables, est en route et doit être interrompue de façon urgente. Le réchauffement climatique en fait partie, et il est devenu le centre d'une âpre controverse, plus médiatique que scientifique. Les principales raisons qui me conduisent à accorder bien plus de poids aux arguments de la collectivité plurielle des « climatologues », dont fait partie le Giec, qu'à la poignée de ceux que l'on nomme à tort les « climato-sceptiques[8] » sont les suivantes[9] :

– Les « sceptiques » ne sont presque jamais des spécialistes du climat et des sciences de l'atmosphère, ayant publié dans les revues scientifiques de référence. Je ne leur conteste nullement pour autant le droit de s'exprimer et de critiquer, ni à eux ni à des citoyens « lambda », car il n'est pas sain de faire aveuglement confiance à des spécialistes. Les citoyens doivent s'emparer des enjeux scientifiques. Je conteste toutefois la tendance de certains scientifiques « lourds » à utiliser une autorité légitime dans un domaine pour se poser en donneurs de leçons universelles, en ignorant ou en travestissant les résultats de milliers d'autres scientifiques tout aussi « lourds » qu'eux, mais infiniment plus expérimentés dans leur propre domaine, ici le climat.

– Parmi les spécialistes du climat, soit des milliers de chercheurs dans le monde, plus de 90 % admettent la forte probabilité d'un réchauffement climatique d'origine humaine comme tendance de long terme qui va se poursuivre au-delà des aléas conjoncturels. Plusieurs enquêtes l'ont prouvé. Or, il s'agit de spécialistes très divers, venant de nombreuses disciplines, utilisant des méthodes multiples,

8. Cette dénomination est impropre dans la mesure où le doute et le scepticisme font partie des exigences de toute bonne recherche.
9. Pour d'autres développements, voir sur mon blog le texte : « Climato-sceptiques contre climatologues ».

travaillant dans des pays ayant des positions opposées dans les négociations climatiques, et non pas d'une « école » monolithique.

– Il n'y a pas que des personnalités scientifiques à nourrir le courant climato-sceptique, même si ce sont toujours elles que l'on met en avant pour faire sérieux. Des groupes de lobbying et des réseaux d'affaires et de grandes entreprises s'y emploient, avec de gros moyens et des relais politiques. Les États-Unis sont leur terre d'élection[10]. Cela ne compte pas pour rien dans le refus d'engagement de ce pays sur le climat. Ces lobbies sont à l'origine de la fameuse « pétition de l'Oregon », mise en avant par les sceptiques du monde entier. L'argument semble fort : 31 500 « scientifiques » américains ont signé une pétition déclarant qu'aucune preuve n'existait d'une influence de l'activité humaine sur le climat, et qu'en conséquence il fallait refuser le protocole de Kyoto ! Gros problème toutefois : seulement trente d'entre eux travaillaient de près ou de loin sur le climat. Quant à l'initiateur de cette pétition, le scientifique Frederick Seitz, il avait défrayé la chronique en 1978 en se mettant au service, contre la modique somme de 900 000 dollars, des industriels du tabac cherchant des « preuves » de l'absence de nocivité de ce dernier pour la santé (*Le Monde magazine* du 27 mars 2010)...

– Enfin, une chose est de constater que les spécialistes du domaine du climat s'accordent presque tous sur l'essentiel du diagnostic, même si demeure fort heureusement une diversité d'approches et d'appréciations des risques, une autre est de savoir si, dans chaque pays et à l'échelle internationale, leur consensus est repris par les associations professionnelles de chercheurs, « académies des sciences » et autres institutions consultatives de la recherche et des sciences. Ces institutions ne sont pas forcément des modèles de démocratie, mais au moins représentent-elles assez bien les scientifiques les plus reconnus par leurs pairs. La réponse est à nouveau

10. Voir l'entretien avec Naomi Oreskes, une spécialiste mondlalement connue de l'histoire des sciences de la terre, « Un discours simpliste et conservateur », dans *La Recherche*, n° 425, décembre 2008.

positive et massive : « Il n'existe dans le monde aucune institution scientifique nationale qui conteste la théorie de l'origine humaine du changement climatique » (http://www.skepticalscience.com/global-warming-scientific-consensus.htm).

Pour conclure, puisque les (rares) scientifiques de haut vol qui contestent le réchauffement climatique et son origine principalement humaine en appellent au « doute scientifique » et à la « raison », prenons-les au mot : il est rationnel de douter sur une base scientifique de la validité de leurs thèses.

Une position scientifique et politique intelligente me semble celle du climatologue américain de l'université de Stanford, en Californie, Stephen Schneider : « Je suggère de comparer la nécessité de lutter contre le réchauffement climatique à celle de contracter une assurance-incendie pour protéger sa maison d'une telle éventualité, même si les risques sont faibles. Considérez également l'investissement considérable des gouvernements nationaux pour protéger leur pays de toute une série de menaces militaires et stratégiques. Il est essentiel que la communauté scientifique réalise qu'il est parfaitement acceptable de n'être pas en mesure de prédire l'occurrence d'événements à 95 %. »

CHAPITRE 4
LA CROISSANCE VERTE, UTOPIE SCIENTISTE

Parmi bien d'autres, Jean-Louis Borloo a déclaré le 30 mars 2009 que « la crise actuelle est l'occasion de poser les bases de la croissance verte ». Le développement durable, concept déjà un peu fourre-tout, semble en passe d'être détrôné dans les discours politiques par la croissance verte. Personne n'en propose de définition, mais on peut supposer qu'il s'agit d'une croissance (au sens général de l'augmentation des quantités produites) compatible avec les exigences écologiques les plus importantes : division par cinq des émissions de gaz à effet de serre d'ici à 2050 dans les pays riches, réduction forte du recours aux énergies fossiles et à l'eau, préservation de la biodiversité, arrêt de l'artificialisation des sols, sauvetage des mers et des espèces qui s'y trouvent, etc. Un tel pari est des plus hasardeux.

D'abord, autant savoir qu'une croissance de 2 % par an d'ici à 2100, cela veut dire en gros six fois plus de quantités produites. Et quarante fois plus en 2200, etc. Est-ce sensé dans les pays riches, indépendamment même de l'écologie ? Ensuite, pour diviser par cinq au moins nos émissions d'ici à 2050 en France, il faudrait les réduire de 4 % par an pendant quarante ans, soit autant chaque année que ce que nous avons réalisé au cours des dix dernières années. Ce sera déjà très difficile sans croissance. Mais si l'on vise une croissance de 2 % par an, cela veut dire qu'il faut réduire les émissions de 6 % par an par unité produite. Aucun scénario crédible ne permet de l'envisager. Cela revient à appuyer sur l'accélérateur d'émissions au moment où il faut freiner très fort.

Et le réchauffement climatique n'est pas la seule menace qui nous pousse à ne plus suivre la voie de la croissance. Le pétrole s'épuise, et l'on est proche du pic à partir duquel sa production mondiale va décroître inéluctablement et son prix s'envoler sans limite. Selon certains experts, on y serait déjà. Au-delà des combustibles fossiles, l'épuisement est annoncé dans les prochaines décennies pour presque tous les minerais de base de l'abondance matérielle[1], sans parler des terres arables de plus en plus convoitées, de l'eau et des forêts, évoquées au chapitre précédent. Le plomb : les gisements exploitables à un coût admissible seront épuisés vers 2030. 71 % de sa production sert pour les batteries. L'argent : épuisement prévu entre 2021 et 2037. Il est utilisé dans l'industrie (électricité, électronique, brasures, soudures et autres alliages : 41 %). Le cuivre : les gisements exploitables à un coût admissible seront épuisés vers 2040. Il est essentiellement utilisé dans l'industrie électrique (câbles, bobinages). L'uranium : fin probable estimée dans une fourchette allant de 2025 à 2060. Le nickel : les gisements exploitables à un coût admissible seront épuisés vers 2050. On l'utilise dans certaines batteries (piles bouton, batteries d'ordinateurs portables).

Les techno-scientistes nous disent : le salut par la croissance verte viendra des nouvelles technologies. C'est plus que douteux : les prévisions précédentes

1. Voir : http://www.eco-info.org/spip.php?article129

portent presque toutes sur des minerais indispensables à la plupart de ces nouvelles technologies ! Et, par ailleurs, ils ne semblent pas avoir consulté certains résultats pourtant à leur portée : les bilans carbone de ces activités. Un ordinateur de bureau standard « pèse », pour sa production et son transport, 1,3 tonne de CO_2. Dans un monde durable, nous l'avons vu, les émissions par personne et par an ne devraient pas dépasser 1,7 à 1,8 tonne de CO_2 (et 1,2 tonne en 2050, s'il y a 9 milliards d'humains). Un seul ordinateur, sans compter l'énergie dépensée pour son fonctionnement, « consomme » déjà les trois quarts des « droits de tirage » annuels actuels par personne. Faut-il encourager la croissance infinie de leur production, ou faire d'autres choix pour une informatique accessible, produite et utilisée autrement, recyclable sans trop de ressources, à très longue durée de vie, ce qui est très mauvais pour les chiffres de croissance ?

La voiture électrique, symbole et mythe

L'un des personnages les plus en vue des cercles du pouvoir actuel, Nicolas Baverez, a trouvé une formule choc : « L'EPR et la voiture électrique sont les deux mamelles du développement durable. » Son maître à penser, un autre Nicolas – notre président Sarkozy –, avait déclaré quant à lui que « la voiture, symbole de la croissance d'hier, sera le vecteur de la croissance de demain ».
La voiture électrique est le symbole de l'espoir d'une réconciliation entre les modes de vie et de transport actuels et les exigences écologiques. Or, ceux qui avancent ces idées n'ont probablement jamais consulté de bilans écologiques comparant les véhicules actuels et leurs variantes électriques. Il faut dire que ces bilans sont rares. Cela ne donne que

plus de valeur à l'analyse nuancée et précise de Jean-Marc Jancovici, en ligne sur son site[2]. La conclusion, en résumé, est la suivante : si l'on tient compte des multiples stades et lieux de la fabrication, des sources de l'énergie électrique utilisée, des matériaux nécessaires, etc., l'avantage écologique supposé de la voiture électrique devient très discutable. D'autant qu'un calcul technique montre que, pour produire avec le nucléaire l'électricité exigée pour maintenir à son niveau actuel l'usage des voitures en France, il faudrait construire... dix-huit EPR ! L'auteur n'en conclut nullement qu'il ne faut pas développer les véhicules électriques. Mais, selon lui, cela ne pourra répondre qu'en faible partie aux enjeux d'une mobilité verte.
Sur le thème « croissance durable et automobile », on peut aller très loin. La secrétaire d'État aux Sports, Rama Yade, a ainsi déclaré le 12 mai 2010 sur Radio Classique qu'il fallait des circuits de Formule 1 en France, à condition qu'ils adoptent les principes du développement durable...

Les techno-scientistes ont bien d'autres idées. En particulier la croissance verte par les OGM, le nucléaire, le stockage du carbone, les agrocarburants, et plus tard l'économie fondée sur l'hydrogène, arguments développés à l'envi dans le livre de Philippe Jurgensen *L'Économie verte. Comment sauver notre planète* (Odile Jacob, 2009). Un livre représentatif d'une foi inébranlable dans de grandes découvertes dont la plupart sont pour l'instant à l'état d'intentions, de paris, ou bien s'avèrent déjà porteuses de risques majeurs. L'auteur admet avec honnêteté que ces technologies du futur posent actuellement de vrais problèmes. Mais il balaye cet inconvénient en invoquant à chaque fois la deuxième, la troisième ou la quatrième génération : le nucléaire propre de quatrième

2. http://www.manicore.com/documentation/voit_elect.html

génération, les OGM et les agrocarburants du futur, etc. D'une part, il s'agit de paris scientifiques à hauts risques, et, surtout, il sera trop tard pour contrer une crise écologique déjà là, à supposer que ces technologies du futur tiennent leurs promesses et ne soient pas plus dangereuses encore, ce que l'on peut craindre sur la base de constats passés.

Grandes découvertes et risques majeurs

Selon Dominique Bourg, philosophe et économiste[3], « il faut tirer les leçons du XXe siècle. Lorsqu'on a découvert la radioactivité, on a cru qu'elle était inoffensive. Elle s'est avérée cancérigène – surprise ! Lorsqu'on a inventé les CFC (chlorofluorocarbones), on était très content de leur inertie chimique, que l'on estimait être une garantie de sécurité, et on les a produits en masse. Des décennies plus tard, il est apparu que les CFC détérioraient la couche d'ozone – surprise ! Le DDT a été présenté comme l'invention du siècle, très efficace et sans danger. Mais ce pesticide est nocif pour l'environnement et même pour la santé à certaines concentrations – surprise encore ! Et j'en oublie, l'amiante entre autres. Finalement l'utilisation des hydrocarbures s'avère dangereuse pour le climat. Cela montre que nos techniques sont des maîtrises partielles ne donnant aucunement la maîtrise de l'ensemble du système, et qu'elles peuvent déboucher sur des dommages. *Plus ces techniques sont puissantes, plus les dommages induits peuvent être importants* ». En avril 2010, une illustration de cette analyse a été fournie par la gigantesque marée noire provoquée dans le golfe du Mexique par l'explosion d'une plateforme pétrolière de British Petroleum (BP). Une technique parfaitement maîtrisée, disait-on. Comme les autres...

3. http://biosphere.blog.lemonde.fr/2008/03/10/dominique-bourg/

Dans le livre de Philippe Jurgensen, mais aussi dans ceux d'autres avocats de la croissance verte, dont Claude Allègre, les écologistes sont accusés d'être au mieux des utopistes, au pire des adversaires de la science et du progrès, ces deux derniers termes devenant synonymes. Mais une forme d'utopie, de type scientiste, est pourtant au cœur des thèses de la croissance verte. La nécessité de certaines recherches pour nous éviter des catastrophes et faciliter une conversion ne fait aucun doute, à condition d'emprunter une démarche authentiquement scientifique, c'est-à-dire de tenir compte des controverses, des limites et des dangers.

Qu'il s'agisse du nucléaire, des OGM, des agrocarburants, de l'économie hydrogène ou du stockage du carbone, le débat n'est pas, comme on nous le répète, entre, d'un côté, des écolos ou altermondialistes obscurantistes refusant le progrès et, de l'autre, « la communauté scientifique ». Il y a *parmi les scientifiques* des controverses sur ces questions nouvelles, comme il y en a dans les institutions internationales. Des milliers de scientifiques dans le monde préconisent la priorité à l'agriculture écologique ou « agroécologie » pour nourrir le monde, et non l'expansion des OGM. Mille scientifiques ont signé le pacte écologique de Nicolas Hulot. Les grandes ONG écologistes et altermondialistes sont truffées de scientifiques renommés. Et ce sont des scientifiques réputés qui répondent à Claude Allègre, pas de doux rêveurs.

Il est grand temps de faire de la science (y compris l'économie) un sujet de vastes délibérations démocratiques, selon les propositions de la fondation Sciences citoyennes. On éviterait ainsi les dérives des utopies scientistes qui sont au fondement des thèses de la croissance verte. Ces utopies, qui ont porté le rêve des hommes « maîtres et possesseurs de la nature » (Descartes), nous ont conduits aujourd'hui à en être « serviteurs et débiteurs[4] » dans des conditions plus contraignantes que jamais.

L'illusion de la croissance « immatérielle »

Une variante de la croissance verte est la « croissance immatérielle ». Elle concerne deux domaines : la croissance des services, supposés écologiquement légers, et la « croissance grise », au sens de la matière grise : l'économie de la connaissance. Dans les deux cas, il s'agit de mythes, reposant sur la méconnaissance de l'écologie de ces activités, et de bons exemples des impasses d'une pensée économique fondée sur la croyance en la croissance sans fin. Le « capitalisme cognitif » ou « dématérialisé » est une idée voisine.

Que nous disent les « immatérialistes » ? Que le développement des connaissances, des services (par opposition à l'industrie et à l'agriculture), des échanges électroniques à distance permettrait une croissance sans limite à faible pression écologique. Un service, par exemple, est parfois défini comme « un bien qui ne vous fait pas mal quand il vous tombe sur le pied ». Transmettre ou produire des connaissances, donner des conseils, délivrer des diagnostics, quoi de plus immatériel ?

Pourtant, ces services ne sont pas immatériels. En moyenne, c'est vrai, leur empreinte écologique par emploi est inférieure à celle de l'industrie, de l'énergie ou de l'agriculture. Mais elle n'est pas négligeable pour autant. Que leur production et leur usage incluent une

---

4. Selon une formule de l'économiste Laurent Cordonnier.

composante d'échanges verbaux ou cognitifs, c'est évident. Mais, déjà, cela suppose que ces personnes en interaction aient de quoi « reproduire leur force de travail » sur la base de choses très matérielles produites par d'autres. C'est d'ailleurs comme cela qu'on explique que les pays où les services occupent le plus de place dans l'économie et dans l'emploi soient ceux qui produisent et consomment le plus de biens matériels par habitant, avec le plus haut niveau de productivité. Cela a une conséquence terrible pour les immatérialistes. Les pays les plus « serviciels » sont très clairement ceux dont l'empreinte écologique est la plus lourde !

Mais ce n'est pas tout. Car ces fameuses relations de service « immatérielles » exigent, sauf quand elles sont fournies à distance (téléphone, Internet...), d'innombrables déplacements. Et si elles sont fournies à distance, elles supposent des ordinateurs, des « tuyaux », de l'énergie, etc. Le bilan carbone d'un campus universitaire, là où officient nos amis immatérialistes et cognitifs, devient très lourd si l'on y compte, et il le faut, les milliers de déplacements quotidiens correspondants. Ajoutons, pour que le tableau soit presque complet, la matérialité des espaces de service et celles des outils techniques : bureaux, salles d'enseignement, hôpitaux, guichets des banques, ordinateurs, etc.

Pour le dire autrement, la « société de services », qui s'est partout développée en s'appuyant sur un productivisme insoutenable, est aujourd'hui sans le savoir une société hypermatérielle[5].

---

5. Pour d'autres développement, voir mon article : « La crise écologique exige une révolution des services », http://developpementdurable.revues.org/6423

Dans les prochaines décennies, il va falloir nourrir l'humanité en respectant la nature, et se passer de plus en plus des énergies fossiles et de bien d'autres ressources naturelles. On ne risque pas d'y parvenir en soufflant le vent de la croissance, fût-elle verte ou immatérielle.

CHAPITRE 5
L'AVIDITÉ CONSUMÉRISTE, CONDITION DE LA CROISSANCE

Dans *Le Nouvel État industriel* (1967), l'économiste John Kenneth Galbraith citait le président Eisenhower, à qui l'on demandait ce que les citoyens pouvaient faire pour combattre la récession en cours à la fin des années 1950. Il répondit : « Acheter ! » Question : mais quoi ? Réponse : n'importe quoi ! Galbraith commentait : « Le pays tout entier résonna de slogans patriotiques incitant chacun à "en mettre un coup" et à consommer davantage. "Un achat aujourd'hui, un chômeur de moins, peut-être VOUS !" ; "Acheter, c'est le devoir du citoyen." »

Pour installer sa domination, le capitalisme et ses acteurs moteurs ont eu besoin de transformer en profondeur les comportements et les aspirations des individus. La première façon d'assujettir les individus aux impératifs économiques de la révolution industrielle a été la « mise au travail salarié ». Travailler plus pour gagner plus et consommer plus n'est vraiment pas un comportement inscrit de tout temps dans l'esprit humain, même chez les plus démunis ! Comme l'ont montré les historiens, il en a fallu, des contraintes et des incitations, des mesures d'expropriation, de la production idéologique, de l'appel à la morale industrieuse pour (tenter de) produire le travailleur salarié et discipliné dont le capitalisme industriel avait besoin. Cela n'a que partiellement réussi. L'offensive se poursuit en permanence.

Mais produire le travailleur adapté ne suffisait pas. Il fallait produire le consommateur comme débouché de la production. Les grandes entreprises du XXe siècle allaient s'en charger. Seules d'abord, puis avec l'aide d'autres institutions, dont l'État. Le premier temps a été le « fordisme » : il fallait que les ouvriers gagnent suffisamment pour pouvoir vivre et se loger plus décemment, mais aussi pour envisager d'acheter... une voiture. Pourtant, distribuer des revenus en hausse selon un principe fordiste ne suffit pas nécessairement à remonter le « moral des ménages », expression qui, dans les sondages sur les intentions de consommation, exprime crûment l'assimilation du mieux-être (le moral) au « consommer-plus ».

Le système est confronté au risque majeur d'une consommation qui ne décolle pas, avec des individus rétifs qui épargnent (surtout s'ils sont riches, ou si l'avenir est incertain), qui ne souhaitent pas s'endetter et qui refusent de travailler plus pour consommer plus. Pour un système dopé à la croissance, la réticence à la dépense est une incivilité critique. Il faut mettre au point des dispositifs pour la conjurer. C'est l'étape de la production institutionnalisée de l'avidité permanente, que Galbraith a remarquablement analysée dans *Le Nouvel État industriel*.

Des dispositifs puissants et coûteux

Depuis, le système a fortement développé ces dispositifs. Le montant des dépenses mondiales de publicité et de sponsoring approchait 600 milliards de dollars en 2008, soit quatre à cinq fois ce qui permettrait de régler, sur le plan financier, les problèmes les plus urgents des pays en développement (les « objectifs du millénaire » des Nations unies).

Mais la publicité n'est pas le seul dispositif de production du « consommateur-débouché ». Elle est inséparable de deux autres activités des grandes entreprises : le marketing et l'innovation marginale permanente, le renouvellement accéléré des produits sur la base de gadgets présentés comme le nec plus ultra. S'y ajoutent les marques (voir le livre *No Logo*, de Naomi Klein, paru en 2000), la mode, le crédit à la consommation, la « persuasion clandestine » (du titre d'un livre de Vance Packard, publié en 1958), l'information publique et privée, les médias économiques et d'affaires, les multiples mises en scène télévisées de la vie matérielle idéale. Et la science économique orthodoxe. Ces dispositifs nous prennent pour cible, pour nous faire acheter ce que les grandes entreprises ont conçu pour nous. Pour nous convaincre que le superflu nous est absolument nécessaire. Sans eux, il est vraisemblable que la croissance passée aurait été bien plus faible, et bien moins dure pour l'environnement et pour la société.

Ajoutons cet argument emprunté à l'économiste Laurent Cordonnier. L'un des moteurs les plus efficaces du consumérisme est le splendide isolement des individus que produit la société de marché. Ramenant tous les registres des relations sociales à des échanges marchands, la société de marché vise à transformer les individus en monades qui n'auraient plus d'autre modalité pour faire valoir leur « être » auprès de leurs semblables que de se vautrer dans des stratégies narcissiques[1] d'affichage des succès obtenus dans l'accumulation de signes consuméristes. Pourtant, dès les années 1970, des analystes ont commencé à mettre en

1. Christopher Lasch, *La Culture du narcissisme*, Climats, 2000.

doute l'efficacité de ce système de persuasion incitant à dépenser toujours plus pour une croissance toujours moindre et une satisfaction qui stagne ou régresse.

Les limites sociales du « toujours plus »

Dans un ouvrage remarquable[2] datant de 1976, Fred Hirsch, économiste universitaire et journaliste, prenait un exemple simple : « Quand tout le monde se dresse sur la pointe des pieds, personne ne voit mieux que les autres », et donc personne n'est mieux qu'avant. Or, la croissance est présentée comme une voie royale permettant à tous d'atteindre de meilleures places. Cela devient impossible et source de frustrations quand il s'agit d'accéder à des biens qui provoquent de la « congestion » (sur le modèle de l'automobile) ou des « biens positionnels », dont la rareté est plus sociale que physique : des emplois de cadres supérieurs ou de direction impliquant des études prestigieuses, des statuts sociaux enviables, des places dans des théâtres renommés, « l'accès privatif à un charmant coin de verdure », les résidences des « rurbains », les lieux de tourisme réputés, etc. On invite tout le monde à se « dresser sur la pointe des pieds » pour en bénéficier alors que seule une minorité (aux premiers rangs) peut et pourra y accéder, quelle que soit la croissance. Or, ces biens sont devenus, avec l'abondance matérielle, de grands territoires d'expansion du marché dans les pays riches. Qui plus est, ce que n'avait pas anticipé Fred Hirsch, avec la raréfaction ou l'épuisement des ressources naturelles, même des biens matériels « classiques » deviennent positionnels dans le système « libéral-croissanciste ».

2. *Social Limits to Growth*, Routledge. Une traduction française devrait – enfin – être publiée en 2012.

Ce système engendre d'énormes gaspillages collectifs : les gens s'épuisent tous à rester sur la pointe des pieds, alors que la coopération et la délibération sur des besoins raisonnables et sur des limites admises, dans un cadre plus égalitaire et moins concurrentiel, conduiraient à une plus grande efficacité et à plus de satisfaction.

Et les plus pauvres ?

Ce qui précède peut sembler dépassé en 2010, alors que la crise se poursuit, accompagnée de drames humains à l'échelle du monde. On peut penser que ces arguments ne concernent pas ceux qui, dans notre pays, vivent avec bien peu. Pourtant, la production organisée de l'avidité ne vise pas que les riches et les « classes moyennes ». Les chaînes de la restauration rapide et les multinationales de l'agroalimentaire sont aujourd'hui accusées par les associations de consommateurs et par les médecins de pousser à la consommation de produits dont le prix est aussi bas qu'est élevée leur teneur en graisse, en sucre et en CO_2. Elles organisent autour de ces produits à risques, destinés en priorité à des gens modestes, des campagnes permanentes de publicité, y compris dans les émissions télévisées pour enfants.

Les ménages à bas revenu n'ont pas assez de ce qui pourrait contribuer à leur bien-être, et, en particulier, aujourd'hui, ils sont souvent mal logés et manquent d'un accès universel et gratuit à la santé, à l'éducation, à des transports collectifs, aux services pour la petite enfance et les personnes âgées, à un environnement sain, etc. La pauvreté est une situation de privation de « droits à... », au-delà du droit à disposer d'un revenu décent. Les plus pauvres sont d'un côté limités dans leur accès à des services liés à des droits, et, de l'autre, ils sont conduits à dépenser leurs maigres ressources monétaires dans le cadre du système de l'avidité, du crédit, de l'envie et de la frustration, sous l'emprise des marques, de la publicité, de la malbouffe, de la pression au renouvellement des biens. Les officines de crédit à la consommation prospèrent sur le dos des pauvres, avec des taux d'usurier et des pratiques inhumaines de recouvrement et de poursuites en justice. Tout cela contribue à aggraver la pauvreté comme privation de droits. *Un système qui n'est pas fait pour répondre à des besoins mais pour produire des désirs à des fins lucratives est particulièrement nocif pour les pauvres.*

Certaines statistiques sont parlantes. Dans les dépenses des ménages, on distingue, d'une part, les « dépenses contraintes », dont le logement, l'eau, le gaz, l'électricité et autres « charges », et, d'autre part, ce qui reste pour « faire ses courses ». Or, entre 2001 et 2006, pour les 20 % des ménages aux plus bas revenus, ce « reste à vivre » est passé de 45 % du revenu total à seulement 25 %, principalement à cause de la hausse des dépenses liées au logement.

On peut, sans croissance économique, améliorer nettement la vie des ménages à faible pouvoir d'achat, par la redistribution indispensable des revenus (voir troisième partie), mais aussi par la maîtrise politique du foncier, du logement social (et écologique), par la gratuité d'accès à des services publics redevenant universels, par une profonde réorganisation de la production et de son contrôle, issue de délibérations sur les besoins[3]. Nous en reparlerons, évidemment.

3. Voir le « manifeste pour les produits de haute nécessité », http://kinoks.org/spip.php?article345

DEUXIÈME PARTIE
LES RICHESSES ET L'EMPLOI D'UNE SOCIÉTÉ POST-CROISSANCE

La thèse centrale de ce livre est qu'une société post-croissance est non seulement une nécessité, mais que, moyennant une redéfinition des priorités, elle correspond à une perspective désirable et crédible de progrès social et de développement humain. Il ne s'agit donc pas seulement de dire que, si l'on continue dans la voie de la croissance quantitative, l'humanité court des risques considérables. Il s'agit d'abord de montrer qu'avec une profonde réorientation (qui n'a rien à voir avec un retour en arrière), on peut vivre bien et vivre mieux, dans le respect des limites que nous impose la nature. Nous avons encore le choix d'une voie civilisée et heureuse, mais le temps presse.

Toutefois, de ce point de vue, il faut commencer par lever une objection. Une trajectoire où l'on cesse de croître en quantités sans cesser de se « développer » – un peu comme un enfant ayant atteint sa taille et son poids d'adulte ne cesse pas de s'épanouir si les conditions sont favorables – implique-t-elle une forte réduction de l'emploi et de la richesse économique produite, au moins dans les pays riches ? Alors que, en France, quatre à cinq millions de personnes sont frappées par le chômage ou le sous-emploi, une telle perspective peut sembler régressive.

Nous verrons dans cette partie qu'une trajectoire réorientée vers la soutenabilité économique et sociale peut être défendue selon des critères économiques classiques : la production de valeur ajoutée et le plein-emploi. D'autres dimensions du « progrès » seront mises en avant dans la partie suivante, y compris la protection sociale. Et s'il est vrai que la réduction du temps de travail reste à l'ordre du jour, surtout à court et à moyen terme, tout porte à croire que, au moins dans les prochaines décennies, il y aura encore besoin de beaucoup de « bras » et de têtes pour réussir la grande bifurcation qui s'impose, pour nourrir l'humanité, pour se passer des énergies fossiles, pour investir dans un futur viable et pour fournir des services universels de bien-être.

CHAPITRE 1
CESSER LA COURSE À LA PRODUCTIVITÉ

Selon une croyance économique très répandue, la croissance est le principal déterminant de l'emploi. En période de récession, la montée du chômage semble résulter presque mécaniquement de la panne de croissance. La seule réponse serait donc la reprise d'une croissance aussi vive que possible. Or, même à court terme, ce n'est pas si simple[1]. Mais surtout, à long terme, si l'on tient compte notamment d'impératifs écologiques et sociaux liés, l'enjeu est celui de la création de richesses économiques et d'emplois sans croissance quantitative. C'est parfaitement possible. Mais il faut en finir avec la course aux gains de productivité.

L'approche classique de la relation entre la croissance et l'emploi est fort simple. On définit de façon générale la productivité du travail comme le quotient des quantités produites par le volume de travail requis, mesuré par exemple en heures. Il y a gains de productivité (on sous-entendra « du travail » dans la suite) quand on produit plus de quantités des mêmes choses avec autant de travail[2]. Il en résulte que, si la

1. *Alternatives Économiques* n° 284, article de Laurent Jeanneau.

2. Au niveau des branches ou des nations, les variations de la productivité sont mesurées en divisant l'indice de variation de la production (valeur ajoutée en volume) par l'indice de variation du volume de travail. Par exemple, si la croissance en volume est de 3 % (indice 103) avec un volume de travail en progression de 1 % (indice 101), la productivité progresse de 2 %.

croissance est inférieure aux gains de productivité, il y a diminution du volume de travail. On peut certes alors maintenir l'emploi total, mais cela exige une baisse de la durée annuelle moyenne de travail des personnes en emploi.

Un postulat central de l'approche classique est qu'il y aura toujours des gains de productivité globaux. C'est même pour la plupart des économistes et pour les techno-scientistes le cœur du progrès, de l'émancipation, du temps libre, de la protection sociale, etc. C'est pour cela qu'ils ne peuvent pas envisager de progrès humain sans croissance à l'infini, sauf, pour quelques-uns d'entre eux, à préconiser de réduire le temps de travail au même rythme que les gains de productivité, ce qui, dans l'hypothèse de gains de productivité de 2 % par an, signifierait que le temps de travail serait de six heures par semaine en 2100.

À l'inverse de la thèse classique, on peut penser que, pour des raisons multiples, dont l'épuisement des ressources naturelles (fossiles ou renouvelables) et la mise en place de politiques du climat, mais aussi l'expansion de services de bien-être, nous allons assister à une forte chute des gains de productivité (à l'échelle macroéconomique) et donc de la croissance quantitative. Cela pourrait être bon pour l'emploi et correspondre non pas à une régression, mais à une idée neuve du progrès.

Il y aura encore des gains de productivité partiels

On me rétorque parfois : des gains de productivité à partager, il va encore y en avoir, et c'est une bonne chose. C'est vrai si l'on examine de façon fine certains types de production et d'activité : ici ou là, et même un peu partout, il y aura de vrais gains de productivité écologiquement et socialement défendables, donc non « productivistes ». Mais ce constat ne vaut pas globalement, car, dans le bilan (que nous ferons), il y a nettement plus de secteurs où la quête de gains de productivité est devenue destructrice de qualité et de durabilité que d'activités où elle reste un facteur d'émancipation.

Dans la réorientation sociale et écologique souhaitable, où trouverait-on des gains appréciables de productivité du travail ? Partout où l'on peut envisager de *produire les mêmes quantités avec moins de travail et avec une pression écologique acceptable*. Exemple : un développement de l'agriculture durable permettrait, par une meilleure organisation collective (économies d'échelle coopératives) et par des recherches en agroécologie, de produire plus de bons produits par heure (et peut-être par hectare), tout en respectant les équilibres écologiques. Cela contribuerait à rendre le bio plus accessible. Il en va de même pour les énergies renouvelables, pour la construction et la réhabilitation des bâtiments, les transports collectifs peu polluants, le commerce de proximité, etc. Et bien d'autres exemples existent, dans l'industrie et certains services.

Cela dit, dans les secteurs où l'on passerait de productions « insoutenables » à des productions « soutenables » (écologiquement et socialement), on aurait en effet des gains de productivité (en général modestes) à l'intérieur des nouvelles filières « vertes ». En revanche, on aurait des gains négatifs par rapport aux filières anciennes (agriculture productiviste, etc.), vu qu'il faut plus de travail pour produire les mêmes quantités (panier bio contre panier hard discount, etc.). Donc, pour l'ensemble de chaque branche reconvertie (agriculture, énergie, bâtiment, commerce, transports), cette substitution vertueuse se traduirait dans les calculs des gains de productivité par une baisse ! On produirait autre chose et autrement, avec plus d'emplois et de valeur ajoutée monétaire à la clé, mais les chiffres des gains de productivité en volumes seraient dans le rouge, justement parce que l'on romprait avec le productivisme !

Un déclin historique

De fait, la chute des gains de productivité du travail et de la croissance est une réalité observable *depuis quarante ans*, en France et ailleurs. Les deux graphiques suivants le prouvent clairement. Le premier porte sur l'évolution des gains annuels de productivité du travail en France depuis 1950, le second sur les variations annuelles de l'indicateur fétiche qu'est le PIB par habitant. On obtient des résultats semblables pour tous les pays « riches ». Comme l'histoire n'est pas « continuiste », rien ne dit que les droites de tendance qui figurent sur ces graphiques vont poursuivre leur déclin à ce rythme. Mais il y a des raisons de penser que, dans tous les cas de figure, les pays riches vont sortir de la brève période de leur histoire où les gains de productivité, source majeure de leur croissance, ont constitué le cœur de leur modèle économique et de leur vision du progrès[3].

3. Voir, sur mon blog, les trois textes qui sont consacrés à cette question, sous le titre « La baisse tendancielle du taux de croissance ». Le présent chapitre s'en inspire, en les résumant.

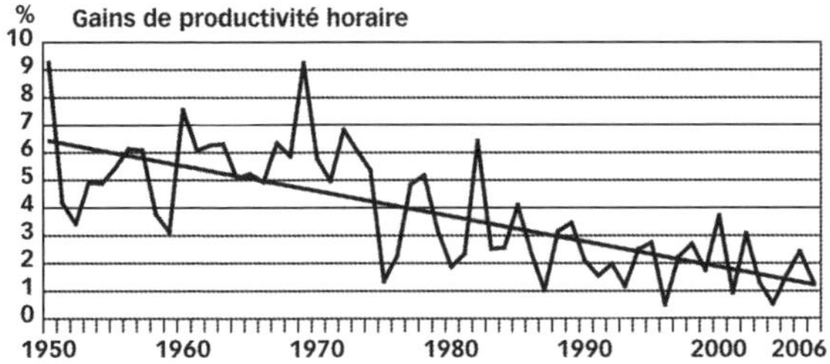

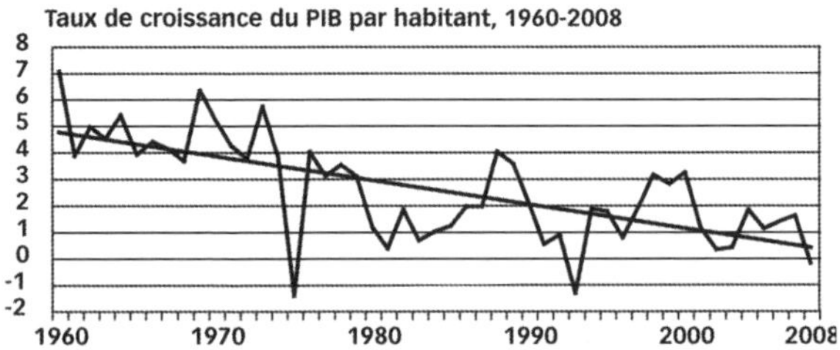

Gains de productivité et productivisme

Il est courant de distinguer les gains de productivité, avec leur connotation positive, et le productivisme, comme pratique excessive consistant à réaliser les gains de productivité en surexploitant les travailleurs et la nature « au-delà du raisonnable ». Cette distinction n'a pourtant rien d'évident. On peut même défendre l'idée que les fabuleux gains de productivité des Trente Glorieuses, et même ceux, moins élevés, des décennies suivantes, ont été partiellement fondés sur l'intensification fréquente du travail et surtout, via des technologies lourdes, sur une exploitation déraisonnable des ressources naturelles, à commencer par les ressources énergétiques fossiles (voir le graphique page 85) et le climat, mais aussi les terres arables, l'eau, la biodiversité...

Produire plus avec autant de travail, c'est fort bien... tant que l'on oublie qu'il faut en général plus de matériaux, d'eau et d'énergie, que les uns et les autres sont disponibles en quantité limitée, et que certaines ressources naturelles sont proprement vitales. La (trop) forte croissance passée a dilapidé des ressources clés, dont le climat, et avancé de plusieurs décennies les pics (moments où la production commence à décliner) du pétrole de la plupart des ressources minières, au détriment des besoins futurs. Et cela continue. La « bataille du charbon » et d'autres batailles historiques pour toutes les formes d'énergie, pétrole en tête, ont certes permis des gains de productivité énormes, mais fondés sur la mise en coupe réglée de la nature. Sans ces batailles, la civilisation de l'automobile et de l'avion, des grandes surfaces et des villes tentaculaires dévoreuses d'espace, de temps, d'énergie et de qualité de vie n'aurait pas pris un essor explosif.

Le graphique qui suit montre que la consommation d'énergie primaire[4] par personne dans le monde (hors biomasse[5]), mesurée en milliards de TEP (tonnes d'équivalent pétrole) a été multipliée par sept en un siècle, avec une croissance exceptionnelle pendant... les Trente Glorieuses[6].

4. Une source d'énergie primaire est une forme d'énergie disponible dans la nature avant toute transformation.
5. Ensemble des matières organiques (plantes) pouvant devenir des sources d'énergie.
6. Source : site de Jean-Marc Jancovici, http://www.manicore.com/

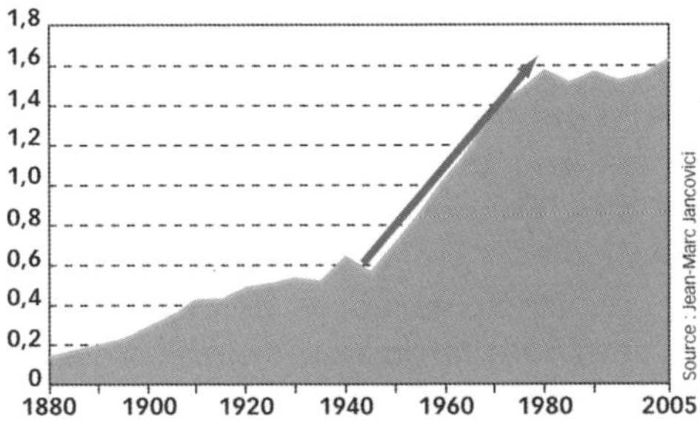

Les Trente Glorieuses ont signé l'entrée dans la démesure de l'exploitation et de la pollution de la nature. Cette période a été celle où le prix du baril de pétrole, mesuré en dollars constants, a été de loin le plus bas depuis cent cinquante ans. L'énergie qui a remplacé le travail humain pour « booster » les gains de productivité était deux à trois fois moins chère qu'aujourd'hui en termes relatifs et semblait (à tort, évidemment) inépuisable. C'est sans doute l'un des grands problèmes de l'humanité, dirigée par un système capitaliste expansionniste, que d'avoir ainsi découvert sous ses pieds tous les moyens énergétiques d'un « progrès matériel » pouvant la conduire à sa perte du fait de l'extinction accélérée des ressources non renouvelables et de l'exploitation des ressources renouvelables au-delà de leur capacité naturelle de régénération.

Les pays riches sont devenus de plus en plus dépendants des énergies fossiles, pétrole en tête, pour leur production, leur consommation, leur alimentation, leurs déplacements, leurs structures urbaines et commerciales, etc. Au point que les mouvements du prix du pétrole ont fini par être presque parallèles à ceux du chômage et de l'inflation aux États-Unis, pays dont la dépendance au pétrole est très forte.

Que nous propose-t-on aujourd'hui pour limiter les dégâts et laisser une planète vivable à nos descendants, sans être certains d'y parvenir ? Économiser fortement toutes ces ressources qui ont été surexploitées, réduire les transports polluants, préférer des villes moyennes denses, mener la bataille de la « décarbonation » soixante ans après celle du charbon... – presque l'opposé de la course antérieure à la productivité et à la croissance. Or, nous avons vu que, dans la plupart des domaines, dont le climat, des seuils irréversibles ont été franchis. Les gains de productivité trop importants du passé en sont responsables, ils ont été en grande partie « productivistes ». On a multiplié le PIB réel par 4,6 depuis 1959, mais nous n'avons pas lieu d'être fiers de ce chiffre exceptionnel, parce que les externalités écologiques et sociales nous retombent dessus et vont continuer de le faire pendant très longtemps.

Dit autrement, les formidables gains de productivité du capitalisme ont été fondés pour partie sur une destruction de la qualité (dont celle du travail) et de la durabilité au profit de la quantité. Et nous verrons dans les chapitres suivants que, contrairement au productivisme, la sobriété matérielle et la durabilité ne sont pas des ennemis de l'emploi.

De la productivité à l'évaluation, de l'expertise à la délibération

C'est bien beau de préconiser d'en finir avec la course à la productivité, mais est-ce que cela implique un abandon de l'idée de progrès de l'efficacité productive ? En aucun cas. Pour reprendre une formule dont on abuse parfois mais qui a du sens dans le cas présent, une autre efficacité est possible. Elle doit allier le souci ancien d'un travail bien fait, vision d'avenir de la productivité du travail ; celui, plus écologique, de l'efficacité énergétique et matérielle ; et celui de la réponse adaptée et juste aux besoins d'une société. Ainsi définie, son évaluation ne peut plus être confiée aux seuls experts spécialisés, ingénieurs en organisation et économistes en tête, avec leurs ratios simplistes de productivité.

J'avais développé cette idée dans le cas des services dans un livre publié en 1996[7]. J'y écrivais : « Si l'on sort du paradigme économique standard en admettant que croissance et productivité ne veulent plus dire grand-chose pour qualifier le progrès économique et social, on ne parlera plus d'enrichir la croissance en emplois mais de choix de modèles de développement et des emplois correspondants. De production de valeur ajoutée et de richesses sur un autre mode que celui des "volumes" fordistes, en mettant en avant des objectifs de qualité, de diversité, de service, de qualité de l'environnement (autant d'objectifs que les mesures de croissance et de productivité évacuent), voire de cohésion sociale et d'indicateurs de qualité de vie. Pour produire ces "richesses" et ces "patrimoines", des activités et des emplois sont nécessaires. »

Mais il faut aujourd'hui aller plus loin. L'évaluation plurielle de la production et de son efficacité dans la réponse aux besoins d'une société soutenable doit devenir un objet majeur de délibérations citoyennes. Elle doit pouvoir s'appuyer sur de nouveaux indicateurs de richesse et d'efficacité eux aussi sélectionnés et utilisés dans le cadre d'une démocratie exigeante, du local au global.

---

7. *Services : la productivité en question*, Desclée de Brouwer.

annexe
IL FAUT RÉDUIRE LA « PRODUCTIVITÉ » DANS DE NOMBREUX SERVICES !

L'image du partage des gains de productivité reste largement associée à la « production matérielle » de l'industrie et de l'agriculture, soit actuellement 16 % de l'emploi en tout... Qu'en est-il ailleurs ? Je passerai sur le fait qu'aucune comptabilité nationale ne sait définir et donc mesurer les gains de productivité dans les banques, les assurances, les activités de conseil, etc., pour me concentrer sur les plus importants « gisements d'emploi » actuels.

Presque tout le monde admet en effet qu'il faut s'intéresser au potentiel de développement humain (et d'emplois) associé à de vrais services de bien-être professionnalisés : petite enfance, personnes âgées, personnes handicapées, action sociale, éducation et formation, santé, justice, recherche, etc. Pour la plupart d'entre eux, *une croissance est nécessaire* (en heures de travail, en emplois, en valeur ajoutée monétaire, en qualité des services rendus...). Mais certainement pas en gains de productivité. Dans de telles activités, il faut au contraire souhaiter que ces gains deviennent négatifs ! Les gains de productivité dans les crèches, c'est le projet gouvernemental de diminution des taux d'encadrement et des qualifications, c'est donc en fait une dégradation de la qualité et des conditions de travail. Il en va de même dans les hôpitaux et dans l'enseignement. De même avec l'aide à domicile aux personnes âgées, où l'on cherche à réduire sans cesse les normes de temps passé : vingt minutes pour une toilette et bientôt quinze comme base de rémunération, temps de transport non compris ! De même encore pour le temps passé avec les chômeurs, le temps des assistantes sociales, etc.

Dans la majorité des services publics, la commission Stiglitz fait le constat suivant : comme on ne sait pas mesurer la production (« *output* ») en volume (la variation de cette production est le numérateur du calcul des gains de productivité), on se contente de mesurer en volume les facteurs de production (« *inputs* », essentiellement le travail). On ne risque évidemment pas d'enregistrer ainsi des gains de productivité (qui supposent qu'on rapporte des volumes produits au travail requis), et de toute façon ils ne voudraient rien dire dans ces conditions. Or, cette situation, qui dure depuis des décennies, n'a guère de chances de s'améliorer, quoi que souhaite la commission Stiglitz, pour une raison simple : personne ne sait ce que sont les « *outputs* réels » et la production en volume de l'enseignement, de la recherche, de l'action sociale, de la santé, de l'aide aux personnes âgées ou des crèches ! Personne ne sait parce qu'on n'est pas dans une logique classique de production d'objets standardisés ayant une existence physique autonome par rapport à leurs producteurs et à leurs consommateurs. Il n'y a rien qui ressemble à l'échange d'une voiture ou d'un kilo de fruits dans la relation pédagogique ou dans les soins aux personnes. Il y a juste du travail, si possible bien fait et professionnel, et des résultats sur les bénéficiaires eux-mêmes, résultats auxquels ces derniers contribuent activement dans un processus de coproduction : leur santé, leurs connaissances, leur autonomie améliorée, etc. Tout cela exige des évaluations complexes, qui sont possibles et utiles (si elles ne sont pas technocratiques), mais sans la moindre référence à des gains de productivité. Allez donc parler de gains de productivité aux animateurs de l'Appel des appels[8], lancé à l'initiative de « professionnels du soin, du travail social, de la justice, de l'éducation, de la recherche, de l'information, de la culture et de tous les secteurs dédiés au bien public » ! Allez en parler aux infirmières et aux aides-soignantes, aux aides à domicile, aux assistantes sociales, qui exercent – comme par hasard – des professions ultra-féminisées !

Chaque fois que l'on veut définir et mesurer des gains de productivité dans ces énormes secteurs d'avenir, chaque fois qu'on cherche à tout prix à en réaliser, on casse la qualité et les conditions de travail, et l'on passe à côté de ce qui compte le plus. On devrait admettre que l'on n'est plus dans une logique industrielle ou agricole

8. http://www.appeldesappels.org/

fordiste, mais dans une économie de la qualité à évaluer de façon multicritères et participative. Et les syndicats, si attachés à l'idée industrialiste du partage des gains de productivité (alors qu'il suffirait de parler de partage des richesses et du travail), devraient se défier des outils des macroéconomistes et des gestionnaires. Car ce qui donne du sens au travail dans tous ces secteurs est, d'une part, le professionnalisme et, d'autre part, la reconnaissance sociale des résultats sur et par les bénéficiaires et la société. Ce sont des gains de qualité et d'utilité sociale. Et ils passent souvent par l'exigence de « prendre le temps de bien faire », de bien s'occuper des gens ou des choses, ce qui est un crime de lèse-productivité !

CHAPITRE 2
LA RICHESSE ÉCONOMIQUE ET LES EMPLOIS DE LA DURABILITÉ

La trajectoire économique et sociale ici défendue est tout sauf un retour en arrière. Commençons par la caractériser sous l'angle de la production (la troisième partie sera consacrée au volet de la « demande » et des modes de vie). Elle se définit alors par le fait de substituer à la logique du « toujours plus de quantité » (la croissance, issue pour l'essentiel des gains de productivité) celle du « plus de qualité, de durabilité et de sobriété matérielle ». Cette réorientation de la production, si elle est forte, n'exigera pas moins de travail et de valeur ajoutée, mais probablement plus, en tout cas dans la majorité des secteurs et dans les prochaines décennies. Expliquons-nous sur ce point essentiel.

Dire « sans croissance » signifie « sans croissance des quantités produites », mais autorise une croissance de la qualité et de la durabilité, sources de progression de valeurs durables, moyennant une vague d'innovations techniques, écologiques et sociales. Les chiffres de la croissance, nous l'avons vu, passent à côté de la plupart des gains de qualité et de durabilité. Ils nous indiquent essentiellement la progression des quantités produites. On n'y considère pas comme des produits distincts un kilowattheure (kWh) provenant d'une centrale à charbon et un kWh produit par une éolienne, une tonne de blé bio et une tonne issue de l'agriculture polluante, un mètre carré de logement à zéro émission et un mètre carré d'un logement qui gaspille l'énergie, à confort identique. Le gigot néo-zélandais qui a parcouru 18 000 kilomètres en avion-cargo réfrigéré y est équivalent (dans les nomenclatures de produits et dans les indices de prix) au gigot « propre et sain » de proximité, et, pour peu que le premier soit moins cher, on dira même qu'il améliore notre pouvoir d'achat.

Tout ce qui est en train de détruire ou de menacer les ressources naturelles, l'eau, la biodiversité et le climat n'est pas compté dans ces chiffres de la croissance auxquels la plupart des économistes croient dur comme fer. Ils n'imaginent donc pas que le progrès – d'un type nouveau – puisse être fondé sur des techniques et des processus qui, au lieu d'économiser sans cesse du temps de travail pour produire la même chose (gains de productivité, insensibles aux dommages écologiques ou sociaux), consistent, dans plusieurs grands secteurs, à utiliser autant ou plus de travail pour produire mieux et autre chose (gains de qualité et de durabilité).

On peut avoir du développement économique durable, innovant et riche en emploi, sans croissance des quantités, pour la raison suivante. La plupart des processus de production « propres », les plus doux avec la nature (plus doux aussi en termes de conditions de travail), les plus économes en énergie et en matériaux, en eau, etc., exigent plus de volume de travail que les productions polluantes et surexploitant les ressources naturelles. Il faut alors plus de travail pour produire la même quantité, mais d'une tout autre qualité. Cela ne se verra pas, ou se verra peu, dans les mesures de la croissance « en volume » ou « à prix constants », sauf si l'on en change radicalement les méthodes pour qu'elles deviennent capables de refléter la « croissance qualitative durable », ce qui est loin d'être évident (voir annexe page 123).

L'exemple de l'agriculture

Nous l'avons vu : pour faire croître la production économique en quantité, les méthodes (de loin) les plus importantes dans l'histoire résident dans les gains de productivité du travail. Et, sur ce plan, l'agriculture du XXe siècle a battu tous les records, devant l'industrie. L'économiste Jean Fourastié a montré par exemple que, s'il fallait autour de deux cents heures de travail pour produire un quintal de blé depuis l'an mille jusqu'au XVIIIe siècle, avec de fortes variations selon les années, il n'en fallait plus que trente vers 1950. On en est aujourd'hui à deux heures et demie avec les techniques les plus « productives », en comptant le temps de travail nécessaire à la production des machines et des « intrants » de la production[1]. Soit une multiplication par 80 de la productivité du travail depuis le XVIIIe siècle. Remarquable contribution à la croissance ! Oui, mais…

L'environnement absent

Le raisonnement précédent repose sur une hypothèse centrale : la tonne de blé moderne (ou de fruits et légumes, ou de bien d'autres choses) est « la même chose » que la tonne de blé ancienne. En apparence, tel est le cas, et l'on peut même probablement invoquer certaines propriétés physico-chimiques attestant de la supériorité des méthodes modernes, si l'on s'en tient aux grains de blé ou à la farine.

1. http://www.jean-fourastie.org/temoin1.htm

Seulement voilà : le blé moderne est issu d'une agriculture de plus en plus intensive qui produit, en même temps que le blé, de considérables dommages collatéraux (des « externalités négatives », disent les économistes). Elle utilise massivement des « intrants » chimiques, pesticides et autres, dont on commence à évaluer les impacts négatifs sur la santé, sur la mise à mal des écosystèmes, sur la disparition d'insectes pollinisateurs. Elle épuise et pollue les nappes phréatiques. Elle a remplacé l'énergie humaine par de l'énergie « machinique » à base de pétrole. Les plus gros tracteurs ou moissonneuses-batteuses ont une puissance de 500 chevaux et des moteurs d'une cylindrée de 10 à 12 litres. Tout cela s'accompagne d'émissions de CO_2, et le pétrole est en voie de raréfaction. Enfin, comme la distance s'accroît entre les lieux de la production agricole à grande échelle et les lieux de transformation et de consommation, le blé ou la farine modernes exigent du transport, lui-même gros pollueur.

Les « externalités sociales »

Les dommages collatéraux de l'agriculture productiviste sont massifs sur l'environnement et sur la santé, mais ils ne sont pas négligeables non plus sur le plan social et humain. Quel est le sens du travail et quelle est la vie des agriculteurs soumis à la double dictature de marchés mondiaux dont les cours sont erratiques et de politiques agricoles libérales-productivistes ? Quel sens peut avoir le fait de ne pas pouvoir compter sur un revenu stable, d'avoir pour perspective, pour nombre d'entre eux, de vivre sous le seuil de pauvreté, de laisser des fruits sur les arbres parce que cela ne rapporte rien de les cueillir (dans un pays où les Restos du cœur sont assiégés), et de dépendre à ce point de subventions à l'hectare, c'est-à-dire au « toujours plus » ? Le désespoir est le lot quotidien d'une partie des agriculteurs, poussés à la croissance quantitative au nom de l'exportation ou de la concurrence. Le taux de suicide y est le plus élevé de tous les groupes professionnels, tout comme la durée du travail. « Ces six derniers mois, expliquait Marc Dufumier en avril 2010[2], 40 000 agriculteurs français ont rempli des demandes d'inscription au RSA, principalement dans le secteur laitier, où les revenus ont baissé de 50 % en deux ans. Plus de 20 % des quelque 600 000 exploitants agricoles encore en activité – ils étaient 1 600 000 en 1970 – peuvent être assimilés à des travailleurs pauvres. Surendettés, lancés dans une course insensée au machinisme et à l'agrandissement, ils sont impuissants à remettre en cause le modèle hyperproductiviste qui leur a été imposé. »

Revenons à notre « blé intensif », utilisé ici comme exemple de l'agriculture productiviste. Il incorpore toute une série de caractéristiques négatives au regard de la durabilité *écologique et sociale*. Les mesures de la productivité et de la croissance les ignorent. Pour en tenir compte, il faudrait déduire de la valeur de ce blé « pollueur » la valeur estimée des nombreux dommages collatéraux que sa production et son transport entraînent. C'est délicat, et probablement impossible à faire de façon rigoureuse sans retomber dans un économisme réducteur. Mais on peut

---

2. Marc Dufumier est titulaire de la chaire d'agriculture comparée et de développement agricole à l'Institut national agronomique Paris-Grignon, membre du conseil d'administration de l'Institut de recherches et d'applications des méthodes de développement (Iram). « Les agriculteurs ont perdu leurs repères », entretien à *Télérama* le 18 avril 2010.

raisonner autrement en s'inspirant des différences de contenu en travail entre l'agriculture intensive et l'agriculture biologique. On manque de recherches, mais il semble que la seconde exige de 30 % à 40 % de travail en plus pour des « paniers » comparables en quantités (voir l'annexe à la fin de ce chapitre).

Créer des emplois sans croissance ?

Si l'agriculture industrielle était convertie par étapes en un système durable, on n'en reviendrait pas pour autant au Moyen Âge, mais il faudrait envisager un retournement historique. L'emploi dans l'agriculture, qui n'a cessé de décroître depuis la révolution industrielle (il ne représente guère plus de 3 % de l'emploi total en France, contre 27 % en 1954), devrait augmenter pour satisfaire une demande durable, avec des « prix durables » (plus élevés) incorporant les exigences nouvelles.

On aurait alors des gains de productivité négatifs, s'ils restaient mesurés selon les méthodes actuelles[3], mais l'emploi progresserait, à production constante. Croissance zéro des quantités (dans ce secteur), emploi en hausse ? Impossible selon les idées économiques standards, possible si l'on tient compte des nécessaires gains de qualité et de durabilité.

Cette perspective n'est pas un retour en arrière. La nouvelle agriculture ferait l'objet d'innovations de production et de commercialisation, comme c'est déjà le cas. Son efficacité progresserait lentement, avec des limites, loin des recettes du productivisme destructeur de l'environnement. Ses prix relatifs pourraient

3. Variations de la valeur ajoutée à prix constants divisée par les variations du volume de travail.

baisser un peu, dans le respect de contraintes naturelles admises, et il faudrait veiller au « pouvoir d'achat durable » des ménages à faibles revenus (voir troisième partie).

Comment nourrir l'humanité ?

Objection : le remplacement progressif de l'agriculture intensive par une agriculture durable, plus riche en emplois, orientée vers des marchés plus proches, n'est-il pas contraire à l'impératif de nourrir une population mondiale croissante ? Ne sommes-nous pas contraints d'améliorer les rendements, ce que seuls l'agriculture intensive et les OGM pourraient garantir ? Non, au contraire. D'abord, sans de telles mesures, la population mondiale souffrira de dommages liés au dérèglement de l'environnement, et les plus pauvres seront en première ligne. Ensuite, la FAO[4] elle-même affirme le rôle essentiel d'une agriculture durable pour nourrir l'humanité et maintenir des emplois « au pays ».

Quant aux rendements, oui, il faut les améliorer dans le monde, et d'abord dans le Sud. Mais, sur ce point, les quatre cents experts du monde entier auteurs du gros rapport 2009 intitulé *L'Agriculture mondiale à la croisée des chemins*, avec le soutien du Pnud, de l'OMS et de l'Unesco entre autres, contestent vivement les thèses sur le rôle incontournable de la grande agriculture des OGM. Tout comme le rapporteur spécial des Nations unies pour le droit à l'alimentation, Olivier De Schutter (voir encadré). Tous admettent le principe de précaution sur les OGM et mettent en avant en priorité le potentiel de

4. http://www.fao.org/newsroom/fr/news/2007/1000550/index.html

l'agroécologie et de l'agroforesterie, c'est-à-dire de *l'agriculture biologique la plus moderne et aux plus hauts rendements*, mais respectueuse de l'environnement et capable de contribuer à la réduction des émissions de gaz à effet de serre. Seuls trois pays ont émis des réserves sur quelques points de ce rapport : les États-Unis, le Canada et l'Australie. Ce n'est pas un hasard : ce sont les plus gros émetteurs de gaz à effet de serre par habitant !

Extraits d'un long entretien d'Olivier De Schutter avec la presse africaine, en août 2009[5]

« Le débat sur le développement des OGM est mal engagé. J'observe qu'une forte controverse scientifique et sociale persiste partout dans le monde sur leurs impacts, les risques sur la santé et sur l'environnement, et sur les incertitudes qui entourent leur développement. Certains signes sont inquiétants.
Il y a plus, cependant. Il faut replacer la question des OGM dans le contexte des choix à faire pour améliorer l'agriculture et l'alimentation. Il existe une grande diversité de possibilités d'innover en agriculture. Les méthodes agroécologiques, qui intensifient la production en se basant sur les principes de l'écologie, ont un réel potentiel. En Tanzanie, par exemple, l'agroforesterie a permis de reverdir les provinces de Shinyanga et Tabora, qui étaient devenues des déserts dans les années 1980. L'application des principes de l'agroécologie et la promotion des systèmes agroforestiers sur 350 000 hectares ont significativement changé la donne, et ont augmenté les revenus des ménages de plus ou moins 500 dollars par an, selon le Centre mondial d'agroforesterie à Nairobi. Ces projets sont fréquemment menés en participation

5. http://www.mediaf.org/fr/themes/fiche.php?itm=3718&md=&thm=5

avec les communautés locales, et dans les zones où vivent les groupes vulnérables : c'est en cela qu'ils participent de la réalisation du droit à l'alimentation.
La science apportera encore des progrès, naturellement. Mais n'attendons des OGM aucun miracle. Accélérons plutôt, dès à présent, la promotion de ces projets pilotes fructueux, qui sont de plus cohérents avec l'enjeu du changement climatique. En matière de semences, il faut renforcer et améliorer les systèmes d'échange locaux de semences basés sur les variétés traditionnelles. Il y a des modèles encourageants, où les paysans s'organisent entre eux pour échanger leurs semences, les préserver et les stocker, planifier les besoins futurs...
Axer la relance agricole sur une augmentation de l'utilisation d'engrais chimiques, c'est prendre un risque de contribuer au changement climatique et renforcer une dépendance vis-à-vis des énergies fossiles : ces engrais sont très énergivores au moment de leur fabrication. Au contraire, investir dans les formes d'agriculture durable peut la fois réduire les émissions de gaz à effet de serre, amener au développement de systèmes agricoles plus résilients aux effets du changement climatique, et même stocker du carbone, comme dans le cas des systèmes agroforestiers. »

annexe
LE BIO GÉNÉRALISÉ : PLUS CHER DE COMBIEN ? COMBIEN D'EMPLOIS EN PLUS ?

L'hypothèse selon laquelle il faudrait, en France, de 30 à 40 % de travail en plus si l'on passait (il faudra du temps) de l'agriculture industrielle à une majorité d'agriculture biologique est très fragile, en l'absence d'études disponibles. Le potentiel d'emplois addition-nels serait alors de l'ordre de 300 000 à 400 000, à durée du travail inchangée, vu que, actuellement, la population active agricole en France est d'un million. Les estimations qui suivent portent sur des écarts de prix (entre ces deux formes de production agricole), mais ne peuvent refléter qu'en partie les écarts de contenu en travail. En effet, comme les coûts de l'agriculture industrielle intègrent nettement plus de dépenses d'intrants chimiques, d'énergie et de machines, il est certain que les écarts de prix unitaires sont inférieurs aux écarts de contenu en travail, mais dans une proportion pour l'instant inconnue. En d'autres termes, on pourrait envisager qu'il y ait 30 à 40 % d'emplois en plus dans le bio, à quantité produite identique, mais que les écarts de prix soient nettement plus faibles. Sur ce dernier point, de bons arguments existent.

Nous savons tous qu'en moyenne les produits bios sont actuellement plus chers que les autres. En gros, ils sont deux fois plus chers. Parfois l'écart est moindre, mais, dans certains cas, ils peuvent être jusqu'à quatre fois plus chers. Cependant, premier argument, il y a bio... et bio. Une partie vient de loin, y compris parce que la capacité de production en France est insuffisante pour répondre à la demande, inclut de grosses marges de distribution (le bio des hypermarchés) et coûte plus cher pour cette raison. Le bio proche en circuits courts serait moins cher, nous allons le voir. Ensuite, une expansion de la production bio en France permettrait de réduire sensiblement des coûts de production, de distribution et de transport, par une meilleure organisation coopérative, avec plus de proximité. On pourrait faire des « économies d'échelle non productivistes ». Enfin, une généralisation « soutenable » du bio n'a de sens que si la structure de la production et de la consommation (le panier alimentaire) est modifiée en profondeur. On n'imagine pas que cette extension conserve par exemple la même proportion de la production et de la consommation de viande rouge. Donc, si l'on raisonne en termes de panier bio durable contre panier de consommation insoutenable actuelle, on peut encore réduire l'écart des prix. C'est une question compliquée puisqu'on compare alors des paniers n'ayant pas la même structure, mais il faut l'aborder. Il faut probablement raisonner en qualités nutritives et variété gustative comparables. Pas évident, mais incontournable dans une telle comparaison.

Les paniers des Amap[6] (vendus directement des producteurs aux consommateurs) sont-ils vraiment plus chers que leurs équivalents des hypermarchés ? Des forums électroniques regorgent de témoignages sur les prix comparés : ils sont parfois voisins en moyenne annuelle. Voici un témoignage relevé sur un forum de juin 2009 : « C'est la grande distribution qui fixe les prix des produits bios, et elle en fait un produit de luxe en les vendant plus cher que les produits non bios. Moi, je suis dans une Amap, et au final, je paye mon panier de légumes au même prix que les saloperies vendues en supermarché. Dans mon Amap (qui ne vend que des produits bios), je trouve légumes, bœuf (à 10,80 euros le kilo), volailles (canard, canettes, poulets à 8,50 euros le kilo, pintades, etc.) et tous les produits laitiers (crème fraîche, fromage, faisselle...). »

Ce qui précède est sommaire, faute de travaux sérieux – qu'il faudrait encourager car l'enjeu n'est pas mince. Il peut se résumer ainsi : le bio peut-il devenir accessible à tous ? Il existe des Amap qui pratiquent déjà des tarifs « sociaux », élaborés en fonction des revenus des consommateurs. Il faudrait pousser les pouvoirs publics à les aider à faire encore mieux dans cette politique d'accessibilité. Verrait-on alors les partisans fortunés de la concurrence libre et non faussée pousser les hauts cris ?

Dernier point : l'analyse précédente ne porte que sur les prix directs payés par les consommateurs, prix supposés être les premiers signaux de choix. En toute rigueur, une analyse économique de « prix complets » devrait faire intervenir, entre autres, ce que paient les contribuables sous la forme de :

– subventions à l'agriculture productiviste (Politique agricole commune),

– coûts de décontamination des eaux polluées par l'agriculture « chimique » (nitrates, notamment),

6. Associations pour le maintien d'une agriculture paysanne.

– coûts sanitaires et autres coûts sociaux des dégradations de l'environnement.

Nul doute que cela réduirait encore l'écart des prix ainsi corrigés.

CHAPITRE 3
UN MODÈLE GÉNÉRALISABLE

On peut étendre l'analyse précédente, consacrée à l'agriculture, à bien d'autres secteurs cruciaux pour la durabilité, dont l'énergie, le bâtiment à faible niveau d'émissions, le commerce de proximité moderne, le recyclage, la réparation, la location, l'isolation des habitations... mais aussi les services de proximité dédiés au bien-être individuel et collectif. On peut, dans de nombreux secteurs, créer de la valeur ajoutée et des emplois sans croissance des quantités, *et c'est déjà le cas* : la commission Stiglitz écrit ainsi que, « dans certains pays et certains secteurs, l'accroissement de la "production" tient davantage à l'amélioration des biens produits qu'à l'augmentation de leur quantité ».

Dans un fort intéressant rapport pour le conseil régional du Nord-Pas-de-Calais[1], les auteurs, Laurent Cordonnier et Gérard Grass, écrivent ainsi : « Il y a toujours des biens communs dans la richesse produite... Sans contenu en biens communs, la valeur marchande des biens et services (ou leur prix payé par l'impôt) serait bien plus faible que ce qu'elle est. Le prix d'une voiture s'explique au moins autant par ses qualités sociales et environnementales *[salaires décents ou non, sécurité, innovations pour réaliser des économies de carburant ou de matières ou pour*

1. http://www.nordpasdecalais.fr/srde/finalites.asp

limiter la pollution, qualités esthétiques...] que par le nombre de kilomètres passagers qu'elle réalisera dans sa vie. » Pour le dire autrement, si les voitures produites aujourd'hui, avec les techniques actuelles, avaient les médiocres caractéristiques de qualité de celles des années 1960, elles seraient sans doute bien moins chères que celles que l'on trouve sur le marché, mais il y aurait peut-être deux fois moins d'emplois dans l'industrie automobile et chez ses sous-traitants et prestataires de services !

Mais ce constat doit être élargi, car il ne s'agit plus seulement désormais de « l'amélioration des biens », au sens de leurs caractéristiques internes de qualité, de fiabilité, de sécurité, d'émissions éventuelles, etc. Il s'agit avant tout d'améliorer leurs processus de production pour les rendre économes en énergie, en matières et autres « services de la nature ». Mais aussi « riches » en travail de qualité.

Le commerce de détail

Prenons le cas du commerce, en faisant un très court détour méthodologique. Pratiquement personne ne le sait, mais, faute de mieux, la comptabilité nationale mesure sa croissance « en volume » par les variations de son chiffre d'affaires à prix constants (c'est-à-dire déduction faite de la hausse des prix *des produits vendus*). En termes simples, *la croissance du commerce est mesurée par la croissance des quantités vendues*. Quant à ses gains de productivité, ils sont assimilés à la croissance des quantités vendues par heure de travail. Avec de telles conventions, le commerce le plus productif est celui qui utilise le moins possible de personnel pour vendre une même quantité (le hard discount), et le remplacement du commerce de proximité par de grandes surfaces à faible niveau de service est la grande source du « progrès », si ce dernier est représenté par les gains de productivité.

Les conséquences pratiques de tout cela sont les suivantes. Si, pendant une période, le commerce suit en moyenne des stratégies de montée en qualité de service, en mettant plus de personnel à la disposition des clients, plus de rayons personnalisés, sa valeur ajoutée monétaire progressera, son poids dans le PIB pourra augmenter, mais sa productivité déclinera. C'est très exactement ce qu'on a observé aux États-Unis pendant vingt ans, au cours des années 1960 et 1970[2] ! Les économistes n'en croyaient pas leurs yeux : comment le commerce le plus moderne du monde, celui dont les méthodes et la logistique avaient inspiré Taiishi Ohno, l'inventeur du juste-à-temps, ou « Kanban », chez Toyota, pouvait-il voir sa productivité décliner régulièrement pendant vingt ans ? Ils auraient pu en profiter pour inaugurer des approches relativisant les analyses de productivité. Ils ne l'ont pas fait.

Supposons alors que, pour des raisons sociales autant qu'écologiques ou esthétiques (les zones périurbaines défigurées), on mène des politiques favorisant la proximité commerciale sur la base de réseaux de petits établissements, de préférence coopératifs et liés à des producteurs de proximité. Non pas en visant un retour au petit commerce à l'ancienne, mais en impulsant une « autre modernité », à l'opposé de « l'hypermodernité » et de son cortège de dommages collatéraux. Il faudrait alors nettement plus d'emplois (à durée du travail identique) pour vendre les mêmes

2. Voir mon livre *Services : la productivité en question, op. cit.*

quantités de biens ! Mais, d'une part, la dimension humaine et sociale de la distribution progresserait, le travail y aurait vraisemblablement un tout autre sens que dans les usines à vendre, et, d'autre part, les impacts écologiques négatifs seraient fortement réduits, à commencer par la diminution des transports motorisés induits. Il s'agit bien d'un nouveau cas où, sans croissance (telle qu'elle est mesurée), une montée en qualité et en durabilité serait source de progression du volume de travail et de la valeur ajoutée monétaire.

En voici un autre, très important, cité par l'économiste Alain Lipietz sur son blog : selon la Confédération européenne des syndicats, le transfert de la mobilité (les kilomètres parcourus) sur les transports en commun à l'horizon 2020, avec comme objectif -30 % d'émissions de gaz à effet de serre, représenterait 4,5 millions d'emplois en moins dans la production de véhicules individuels, mais 8 millions en plus dans les transports en commun (à l'échelle de l'Union européenne).

La production d'énergie

Autre exemple : le remplacement des énergies fossiles par des énergies renouvelables se traduira, au moins dans un premier temps, par une réduction de la productivité du travail pour chaque kWh produit (car il faut en moyenne plus d'heures de travail pour une même production de kWh[3]). Mais un kWh propre n'est pas un kWh sale. Le premier sera en général plus cher que le second, et il faudra ici aussi des mesures en faveur des ménages modestes. C'est le prix à payer pour éviter bien pire qu'une hausse des prix (voir troisième

3. Hypothèse vraisemblable, mais les données publiques semblent faire défaut.

partie). Mais, pour les mêmes raisons que dans notre exemple de l'agriculture, l'écart de prix se réduira ensuite en partie. Et une autre contrepartie se trouvera dans des créations d'emplois (mieux répartis dans les territoires) et dans une relocalisation de la production d'énergie.

Il faudrait, dans ce secteur, s'inspirer des scénarios de l'association Négawatt[4], élaborés par une centaine d'experts de l'énergie, et les compléter par des perspectives relatives à l'emploi (cela existe déjà, voir l'encadré qui suit) mais portant aussi, ce qui fait défaut, sur l'accessibilité sociale de ces productions HQE (haute qualité environnementale). Il faudrait systématiquement coupler les exigences HQE et HQS (haute qualité sociale), ce qui sera l'objet de la troisième partie.

Une étude de Virage Énergie Nord-Pas-de-Calais[5].
Quels emplois en région pour les alternatives au nucléaire et aux énergies fossiles ?

Les études et la réalité le montrent : investir dans les économies d'énergie et les énergies renouvelables crée davantage d'emplois qu'une offre énergétique fondée sur le nucléaire et les fossiles. Deux exemples peuvent l'illustrer : la centrale nucléaire de Gravelines et le projet de terminal méthanier de Dunkerque sur le site naturel du Clipon. Aujourd'hui, le système de production d'électricité est hypercentralisé : deux mille emplois localisés sur la centrale

4. Voir le scénario Négawatt 2006.
5. Virage Énergie Nord-Pas-de-Calais est une association citoyenne qui réalise et porte au débat des études sur les alternatives à l'énergie nucléaire et aux ressources énergétiques fossiles, responsables du dérèglement du climat. Site : www.virage-energie-npdc.org/

nucléaire de Gravelines. S'y ajoutent quelques équipementiers de l'industrie nucléaire implantés en région (Jeumont). Dans son rapport scientifique, Virage Énergie Nord-Pas-de-Calais a montré qu'il était possible de se passer progressivement de l'énergie nucléaire, et définitivement en 2030. Comment remplace-t-on les emplois de Gravelines ? Si un tel plan énergétique était mis en œuvre dès aujourd'hui (à l'instar de l'Allemagne), la production locale d'énergie permettrait de créer 12 000 emplois d'ici à 2030, soit six fois plus que ceux des six réacteurs de Gravelines. À une différence près : ces emplois seraient également répartis sur le territoire du Nord-Pas-de-Calais. Maintenance de parcs éoliens, construction et exploitation d'unités de méthanisation à la ferme et dans les grandes villes, installation et gestion de centrales photovoltaïques... Ces emplois sont de qualité et font appel à une large gamme de qualifications, de l'ouvrier spécialisé à l'ingénieur en passant par le commercial et l'agriculteur. Avec la rénovation thermique des bâtiments, c'est un potentiel de près de sept mille emplois qui s'offre aussi à la région. À l'inverse, le projet de terminal méthanier porté par EDF sur le littoral dunkerquois créera, s'il se réalise, six cents emplois lors de sa construction (trois ans), pour un investissement total de 700 millions d'euros. L'ampleur de la tâche et le niveau de qualification élevé nécessaire (soudeurs, ingénieurs...) demanderont à EDF de faire appel à une main-d'œuvre que le bassin de Dunkerque ne sera pas en capacité d'apporter en totalité dans un délai si court. Une partie viendra de l'extérieur. En période d'exploitation, enfin, le terminal devrait nécessiter au maximum cinquante personnes, soit plus de 13 millions d'euros d'investissement initial par emploi pérenne...

Les services du développement humain durable

On peut ajouter à ce qui précède l'amélioration à la fois quantitative et qualitative des services de bien-être et de développement humain associés à des droits universels à (re)conquérir, dans l'éducation, la santé, la justice, les services destinés à la petite enfance, aux personnes âgées, aux handicapés, les services dits sociaux... On y applique aujourd'hui une logique de performance industrielle et de réduction des coûts qui menace la qualité individuelle et collective de ces services, et nuit à l'emploi. Pour certains de ces services, et sous réserve d'en faire des bilans sociaux, économiques et écologiques, le besoin existe manifestement de les développer en quantité (croissance) pour les rendre universels et en faire des moyens d'exercice de droits fondamentaux, par exemple celui de vivre dignement sa vieillesse, mais aussi en qualité (contribution au bien-être des bénéficiaires).

La question est différente pour la santé et l'éducation, deux secteurs où l'on trouve à la fois des besoins insatisfaits et de fortes inégalités à résorber (ce qui exigerait plus d'emplois à court et à moyen terme), mais aussi des formes d'inefficacité sociale et économique souvent liées au contexte social de leurs « performances ». Par exemple, la course aux diplômes et aux études toujours plus longues pour une minorité devrait être questionnée. Elle ressemble parfois à une épuisante « lutte des places » pour des emplois (trop) rares, le plus souvent au bénéfice des mieux lotis au départ, lesquels auront accès aux filières longues les plus nobles et les plus coûteuses. On devrait aussi se poser des questions sur la lourdeur des programmes scolaires des collèges, lycées et classes préparatoires (préparatoires à la surcharge de travail ?). Il en va de même lorsque le système de santé, très inégalement réparti selon les territoires, ce qui est une première source de gaspillage, est engagé dans une course-poursuite dispendieuse afin de réparer les dégâts sanitaires d'une société qui rend malade, au sens propre du terme. Faudrait-il plus de soins médicaux curatifs dans une société soutenable ? Ce n'est pas certain, loin de là. Il faudrait en revanche plus de médecine préventive.

Les secteurs en difficulté

Il existe une minorité de secteurs où, à l'inverse des exemples précédents, des impératifs écologiques, y compris la chute prochaine de la production de pétrole, vont entraîner des réductions de production et d'emploi qu'il vaudrait mieux anticiper plutôt que de les subir en catastrophe. Mais ces activités représentent un faible poids de l'emploi actuel (la part de l'industrie, énergie comprise, dans l'emploi est aujourd'hui de 13 % en France). Des conversions sont possibles en développant et en adaptant les compétences, car c'est une évolution sur vingt ans au moins que l'on peut accompagner afin d'éviter des drames sociaux comparables à ceux qui ont existé dans le passé.

L'année 2010 a connu le cas des raffineries de Total, mais on peut évoquer les transports routiers et aériens, le tourisme au loin, le nucléaire, l'armement et quelques autres. Pour y réfléchir, il faudrait partir d'un principe : la transition vers une société soutenable ne peut se faire sur le dos des salariés de ces secteurs. Elle ne peut réussir que si elle leur offre des perspectives désirables, ce qui suppose à court terme de maintenir emplois, salaires et qualifications sur les territoires, et, seulement sur cette base, de trouver des solutions parfaitement envisageables pour une trajectoire planifiée et négociée sur dix à vingt ans, répondant aux besoins nouveaux de la société. Un communiqué de l'association altermondialiste Attac reproduit en encadré pose clairement ce problème.

Attac France soutient la lutte des salariés de la raffinerie Total de Dunkerque. Communiqué de mars 2010.

« Une nouvelle fois, une fermeture de site industriel illustre l'irresponsabilité d'actionnaires qui n'ont d'autres horizons que le court terme et la rentabilité financière de leurs placements. On ne saurait laisser aux "marchés" le soin de décider des politiques industrielles. Une nouvelle fois aussi, l'État, au lieu d'anticiper les nécessaires reconversions industrielles, abandonne les collectifs de travail aux intérêts de groupes de pression multiples. Et, encore une fois, les travailleurs « jetables » sont la variable d'ajustement de la course à la rentabilité et de la carence des pouvoirs publics. Ils payent l'absence d'une politique énergétique qui permette de maintenir et de développer l'emploi en engageant tout de suite une politique de reconversion vers les énergies renouvelables. La diminution de consommation des énergies fossiles comme le pétrole est nécessaire, pour des raisons écologiques, et elle est inéluctable car cette source d'énergie n'est pas renouvelable. Une politique vigoureuse pour engager la transition énergétique serait porteuse de nombreuses créations d'emplois qualifiés, comme l'attestent toutes les études sur le sujet. Elle doit être engagée dès maintenant et pour le long terme, si l'on veut que l'urgence écologique se conjugue avec la justice sociale.
Mais une telle politique ne peut être laissée aujourd'hui dans les mains des grandes entreprises ou de l'État. Pour ne pas reproduire le scénario, écrit à l'avance, de la dramatique fermeture de la sidérurgie, il faut que les salariés de Total, en lien avec le mouvement citoyen, puissent peser par leur mobilisation sur l'évolution de leur entreprise. Il faut que les décisions concernant l'avenir des sites pétroliers soient prises démocratiquement, avec les salariés eux-mêmes et les parties

prenantes intéressées à l'avenir énergétique de notre pays. Les salariés de la raffinerie de Dunkerque, en majorité très qualifiés, et le collectif de travail qu'ils constituent ne peuvent être liquidés au nom des appétits, de l'imprévoyance et de l'irresponsabilité des décideurs privés et publics. Le maintien de leur emploi, de leurs qualifications et de leur salaire est un préalable. C'est avec eux que la transformation de la raffinerie doit être décidée et mise en œuvre, avec un engagement de l'État et des collectivités locales, qui devraient prendre des mesures permettant la restitution des profits aberrants de Total (7,9 milliards d'euros en 2009) et leur investissement dans des activités socialement et écologiquement responsables. »

Retour au Moyen Âge ou autre modernité ?

Sur France Culture, en janvier 2010, l'un des animateurs, Brice Couturier, m'a gentiment titillé sur mes thèses post-croissance et sur les perspectives de création d'emplois que j'évoquais. Il me disait en substance que, si l'on remplaçait un peu partout la puissance des moteurs par l'énergie humaine ou la traction animale, il faudrait de toute évidence beaucoup plus d'emplois, mais qu'il serait difficile d'y voir un progrès ! On retrouve l'objection bien connue du retour au Moyen Âge, quand ce n'est pas à l'âge de pierre... Or, dans tous les exemples que j'ai pris, à commencer par celui de l'agriculture, les créations d'emplois que l'on peut attendre ne correspondent en rien à un retour en arrière, mais plutôt à des innovations majeures existantes ou à susciter. Leur enjeu est la conciliation entre production efficace (au regard de besoins mis en débat, dont le premier dans le monde est de nourrir l'humanité) et production douce pour les « humains et les non-humains », selon les termes de Bruno Latour. L'agroécologie moderne à hauts rendements en est un exemple (voir page 98 l'encadré reprenant l'analyse d'Olivier De Schutter), qui n'a rien à voir avec l'agriculture que pratiquaient mon grand-père et ses parents, même s'il arrive souvent que l'on redécouvre l'efficacité de certains savoirs ancestraux. Il s'agit dans tous les cas de ce que l'on pourrait désigner comme une modernité douce. Certains opposent ainsi le « produit intérieur doux » au PIB. C'est juste une image (qui nous vient du Québec) et non un outil de mesure, mais c'est une bonne image.

Modernité douce et économie du bien-vivre

Les « économies douces » du futur seront, si tout se passe bien, non plus des économies de production de quantités issues de la double exploitation du travail et de la nature, mais d'abord des économies du « prendre-soin » et de la qualité du vivre-ensemble, selon quatre axes :

– prendre soin des personnes, de leur santé, éducation, culture, bien-être, leurs conditions de travail, avec le souci non seulement d'aider ces personnes mais surtout de favoriser leur autonomie[6] et leur activité propre[7] ;

– préserver et renforcer le lien social et l'accès à des droits universels effectifs liés à des biens communs ;

– prendre soin des choses et des objets, pour les faire durer et les concevoir à cet effet ;

– prendre soin de la nature, dans toutes les activités humaines.

---

6. On évoque souvent à ce titre des « politiques des capabilités », au sens d'Amartya Sen.

7. Voir sur mon blog un texte de mai 2010 : « Portée et limites du "care" ».

On produira (et mesurera) toujours des quantités, mais elles ne vaudront que comme supports du bien-vivre issu de ces soins multiples et souvent singuliers. On ne peut pas faire entrer sans dommage une économie du « prendre-soin », ou une « économie de la qualité et des singularités » (selon le sociologue Lucien Karpik), dans le concept de croissance quantitative. Et encore moins une économie des progrès en durabilité écologique.

CHAPITRE 4
PROSPECTIVE DE L'EMPLOI PAR SECTEURS

Le tableau ci-dessous, qui prolonge les réflexions des chapitres précédents, résume nos hypothèses sur l'avenir de l'emploi au cours des prochaines décennies dans une perspective de durabilité et d'équité post-croissance. Il ne reprend pas exactement les classifications usuelles des branches. Ce tableau n'autorise pas, en l'état, un bilan global des créations nettes d'emplois. Au moins peut-on dire que les secteurs où l'emploi serait appelé à progresser ne sont pas moins nombreux que les autres.

Secteurs	Enjeux	Tendances de l'emploi d'ici à 2050
Agriculture, sylviculture, pêche	Agriculture biologique, axe de développement. Exploitation durable des forêts et de la biomasse. Pêche durable.	Hausse globale dans l'agriculture et la sylviculture, avec certaines filières en baisse. Baisse pour la pêche.
Industrie manufacturière	Réduction forte des volumes de matières et d'émissions. Relocalisation partielle, prime aux PME de proximité. Croissance de nouveaux secteurs (innovations de durabilité).	Réduction de l'emploi freinée par une limitation du productivisme et par la montée en durabilité. Reconversions partielles.

Énergie	Passage aux énergies renouvelables. Tarification sociale. Vers une société (presque) sans pétrole. Sobriété et efficacité énergétiques.	Hausse dans ce secteur et dans ceux qui concourent aux économies d'énergie.
Bâtiment	Urbanisme durable, réhabilitation, « villes lentes ».	Hausse (réhabilitation d'abord).
Transports	Décroissance des transports émetteurs de GES. La vitesse en question. Réflexions sur les inducteurs de transport.	Baisse, sauf transports collectifs plus écologiques. La mobilité pourrait progresser.
Commerce	Priorité à un commerce de proximité lui-même lié à des producteurs de proximité.	Probable hausse, distribution moins concentrée.
Réparation, recyclage…	Activités phares. Une partie contribuerait aux reconversions industrielles.	Forte hausse.
Location équipements et véhicules	Permettre un partage écologique de l'usage.	Hausse.
Artisanat	Rôle important : réparation, entretien, recyclage…	Hausse.
Postes	Réduction des émissions et des flux. Incidences sur la VPC. Prime au courrier électronique.	Réduction nette déjà entamée, mais sur une base productiviste.
Télécom, informatique	Empreinte écologique (matériaux, émissions) des terminaux et des réseaux.	Hausse ralentie dans les pays riches, progression ailleurs.

Banques, assurances, immobilier	Les crises pousseront à des formes de contrôle public. Établissements de proximité. Monnaies locales.	Réduction, dans un secteur dont le pouvoir est excessif.
Services aux entreprises	Services opérationnels (nettoyage, sécurité...) : enjeux écologiques et sociaux. Services intellectuels : moins de déplacements des personnes, conseils en durabilité.	Hausse pour les services de proximité, baisse de la publicité, du marketing, des conseils financiers.
Hôtellerie, restauration, tourisme	Secteur concerné par la crise des transports sur longue distance. Mais bel avenir pour les établissements de proximité.	Baisse pour le tourisme « au loin », hausse ailleurs.
Services à l'enfance et aux personnes âgées	Passer à des solutions universelles sous conditions écologiques, réflexions sur les avantages et inconvénients des solutions au domicile ou en dehors.	Nette hausse mobilisant des financements publics ou mixtes.
Administrations locales	Cruciales. Retour en régie de services sous-traités au secteur privé dans des conditions insatisfaisantes.	Hausse.
Administrations nationales	Retour à des agences de proximité, décentralisation, normes de qualité sociale et écologique. Santé et éducation : débat sur les excès de la course aux diplômes et de la médicalisation. Mais exigences d'égalité et droits universels. De même pour la justice.	Le partage national/local évoluera, mais la part du public devrait progresser. La dernière décennie a vu une régression de la part des dépenses éducatives dans le PIB.

CHAPITRE 5
LA DÉCROISSANCE ?

Pourquoi assiste-t-on à la croissance du nombre des « objecteurs de croissance » ? Pour au moins trois séries de raisons.

La première est que, sur le plan social, celui du bien-être individuel et collectif, comme nous l'avons vu dans la première partie, à partir d'un certain niveau d'abondance matérielle, dépassé en France depuis plus de vingt ans, il n'y a plus aucune relation entre le niveau d'abondance mesuré par le PIB par habitant et les grandes variables sociales et humaines. La croissance des vingt à trente dernières années s'est plutôt faite contre le social. Et, même dans certains pays pauvres, l'obligation de croissance à tout prix a occasionné des dégâts humains.

La deuxième raison puise aussi bien dans des convictions éthiques personnelles diverses sur l'importance relative de l'être et de l'avoir que dans des œuvres de philosophes, dont André Gorz est un bon représentant. La critique porte alors sur la façon dont nous sommes piégés par l'injonction du « toujours plus » matériel, par la consommation ostentatoire, par la production de l'avidité permanente organisée par un capitalisme de la démesure, à la recherche incessante de nouvelles sources de profit.

Enfin, la troisième raison, c'est l'ampleur de la crise écologique. Les avocats de la décroissance disent à juste titre : même s'il n'y avait pas de crise écologique, il y aurait de bonnes raisons de refuser la perspective d'une croissance infinie. Mais l'argument écologique semble aujourd'hui majeur. En tenir compte implique-t-il une croissance négative ? Le choix délibéré de la récession ?

Non. Je rejoins sur ce point Serge Latouche : tant que nous sommes dans une « société de croissance », une société productiviste de fuite en avant dans le « toujours plus », où tout semble dépendre de la réalisation de cet objectif, y compris l'emploi et la protection sociale, la panne de croissance ou la récession conduisent à des désastres sociaux, dont le chômage. Une société droguée qui n'a plus accès à ses doses souffre.

La décroissance

Que penser de la décroissance ? Ce « mouvement » pluriel a obtenu de beaux succès. Anecdote : en mars 2010, la grille de mots croisés du *Monde* n° 10-037 proposait, en douze lettres, la définition « Seule réponse possible pour un développement durable ». La réponse était : « Décroissance » ! Comme le dit plaisamment Laurent Cordonnier, *Le Monde* publie plus souvent les mots de croisés de la croissance que des mots croisés de l'a-croissance, mais il faut un début à tout. Il y a fort heureusement des indices plus robustes de l'influence de ce courant, qui joue, avec d'autres, un rôle essentiel de lanceur d'alerte.

Bien que je rejoigne les avocats de la décroissance sur bien des plans, je n'utilise pas ce terme. Ma principale réticence est la suivante : pour le commun des mortels, décroître, c'est le contraire de croître. Il est donc difficile de comprendre que la décroissance n'est pas, pour ses défenseurs, la croissance négative. Bien entendu, quand on lit Serge Latouche, Paul Ariès ou Vincent Cheynet, on voit bien que ce qu'ils veulent dire concerne une critique radicale de la religion de la croissance, à laquelle j'adhère. On pourrait parler d'« a-croissance », de post-croissance ou d'anti-croissance, comme on parle d'athéisme, d'anti-pub ou de post-capitalisme. Le choix du mot-slogan « décroissance » me semble une limite à la popularisation des idées fortes qu'il résume. Ivan Illich parlait quant à lui de « désaccoutumance à la croissance ».

Mais pour comprendre pourquoi « décroissance » a été préféré à « anti-croissance » ou à « objection de croissance », il faut pousser plus loin l'examen. En réalité, les avocats de la décroissance ne sont pas très clairs, et il y a bien une dimension de croissance négative dans leur discours. Dans le *Petit Traité de la décroissance sereine* de Serge Latouche (Mille et une nuits), il est par exemple écrit (p. 90) que le retour à une empreinte écologique soutenable en France pourrait se faire, entre autres mesures, par une réduction du volume de la consommation finale (« réduction de moins de 50 % »). Bien que la formule d'André Gorz « moins, mais mieux » mérite réflexion (sauf quand même pour les 30 à 40 % de personnes qui vivent déjà avec pas grand-chose), on a bien là une stratégie de forte croissance négative. Pourquoi pas, d'ailleurs ? Il faut en débattre et voir comment la majorité des gens pourrait vivre mieux avec moins de quantités et plus de qualité dans une société post-croissance. Mais autant être clair.

Si les tenants de la décroissance clarifiaient leur analyse sur ce point, cela les conduirait à creuser une question sur laquelle ils restent légers : l'avenir de l'emploi et de la protection sociale dans la « grande transformation » vers une société soutenable. L'avenir de l'objection de croissance tient peut-être à la possibilité de convaincre les gens qu'on peut réduire le chômage et préserver la protection sociale sans croissance. Or, que répondent les avocats de la décroissance, pour l'essentiel ? « Réduction drastique du temps de travail », prise de distance avec la « société travailliste » et réduction des inégalités.

C'est important, mais insuffisant. Selon les hypothèses des chapitres précédents, il faudra mobiliser dans les prochaines décennies beaucoup de travail pour produire, sans progression globale des quantités (sans croissance), des biens et services « propres », verts, répondant à des besoins sociaux mis en délibération, selon des processus économes en ressources naturelles. Et cela d'autant plus qu'il faudra beaucoup réparer parce qu'on a beaucoup endommagé. Les nouveaux gisements d'emplois de la durabilité, de la proximité et des activités de soins aux personnes, aux biens, au lien social et à la nature pourraient compenser, on l'a vu, les réductions parfois fortes dans les secteurs les plus polluants, réductions dont il faudrait anticiper l'évolution et les conversions en préservant le potentiel humain. Cela n'exclut nullement la réduction du temps de travail, car le temps libéré a une valeur émancipatrice en soi, mais sur la base d'un bilan des besoins et des contraintes collectives de la société à (re)construire.

En résumé, défendre le projet d'une société soutenable de sobriété et de plein-emploi, débarrassée de l'obligation de croissance et impliquant une forte réduction des inégalités, c'est sans doute moins radical que de parler de décroissance. Mais l'attente des citoyens porte désormais sur la question : « Comment réorienter et avec quels effets sur nos vies ? » Or, il est permis de douter que le terme de décroissance réponde à cette attente, bien qu'il ait le grand mérite de contribuer, avec d'autres, à attirer l'attention sur la démesure et les dégâts de la société de croissance.

annexe de la deuxième partie
CROISSANCE ET VALEUR AJOUTÉE

Mon affirmation selon laquelle la croissance économique d'un secteur n'est pas nécessaire à la progression de sa valeur ajoutée (et du volume de travail ou d'emploi associé) surprend forcément : la croissance économique d'un secteur étant celle de sa valeur ajoutée, comment puis-je dire que la valeur ajoutée peut progresser sans croissance ? La réponse réside dans la distinction essentielle entre les variations de la valeur ajoutée « à prix constants » (les statisticiens disent aussi « en volume » ou « en termes réels ») et la mesure de la valeur ajoutée exprimée en valeur monétaire. Seules les premières interviennent dans la mesure de la croissance économique, alors que c'est la seconde qui est au cœur de la question du volume de travail et, par ce biais, de l'emploi.

Parmi mes amis économistes, quelques-uns estiment que les calculs de la croissance pourraient être améliorés pour intégrer, moyennant des conventions, la montée en qualité et en durabilité. Si l'avenir leur donne raison – ce qui ne me gênerait pas, mais ce dont je doute –, alors, sans croissance des quantités produites, les progrès de durabilité pourraient influer positivement sur les chiffres de la croissance tels que les comptables nationaux les mesureraient. En quelque sorte, l'indicateur de croissance cesserait d'être ce qu'il est (pour l'essentiel) aujourd'hui, un indicateur de progression des quantités, pour devenir un indicateur reflétant mieux la montée en qualités diverses et en soutenabilité, via des valeurs et prix reflétant ce progrès.

Je n'entre pas dans le détail, un peu trop technique, des raisons qui me font douter de la possibilité de transformer réellement[1] la mesure du PIB en volume (et notamment celle de l'indice de prix du PIB) pour fonder un indicateur de « croissance qualitative et durable ». Peu importe : si cela se produisait, l'essentiel des idées et propositions défendues dans ce livre resterait valable.

1. Il y aura vraisemblablement des inflexions modestes en ce sens si, comme il faut le souhaiter, des taxes (socialement acceptables) viennent alourdir les prix des productions polluantes, pendant que des bonus ou incitations monétaires allègent ceux des produits verts. Mais leur généralisation n'est pas évidente, notamment pour les services, et elle n'est d'ailleurs pas la panacée : il faudra de plus en plus recourir à des normes et non pas seulement aux « incitations par les prix ». Qui plus est, on ne voit guère venir de taxes et de bonus pour pénaliser ou récompenser les productions en fonction de leur soutenabilité sociale.

TROISIÈME PARTIE

SOCIÉTÉ SOUTENABLE, SOCIÉTÉ DÉSIRABLE

Le blog Ecoloinfo a publié le 6 avril 2010 un long entretien avec la cinéaste Coline Serreau. Parlant de son film *Solutions locales pour un désordre global*, elle précise : « Les films d'alerte et catastrophistes ont été tournés, ils ont eu leur utilité, mais maintenant il faut montrer qu'il existe des solutions, faire entendre les réflexions des paysans, des philosophes et économistes qui, tout en expliquant pourquoi notre modèle de société s'est embourbé dans la crise écologique, financière et politique que nous connaissons, inventent et expérimentent des alternatives. »

Tel est l'objet des deux dernières parties de ce livre : montrer que des solutions désirables existent, à la fois en termes de propositions concrètes à faire advenir par l'action politique, et en termes d'expériences déjà observables qu'il conviendrait d'encourager pour qu'elles fassent tache d'huile. À bien des égards, la société post-croissance est déjà là, mais nous ne la voyons pas parce que le devant de la scène et le pouvoir sont occupés par les acteurs de l'ancien monde, qui font tout pour contraindre et mettre en difficulté les initiatives alternatives, les organisations non lucratives et les services publics, sans parvenir à les faire disparaître ou à prendre le contrôle.

CHAPITRE 1
POUR « SAUVER LA PLANÈTE » : L'ÉGALITÉ DES DROITS AU BIEN-VIVRE !

Un débat essentiel se déroule entre les écologistes et les « avocats du social » sur les priorités à afficher et sur leur articulation. Les seconds sont parfois peu attentifs à la crise écologique, voire agacés lorsqu'on en parle trop. Une partie des premiers fait l'inverse : à force d'avoir les yeux braqués sur « la planète » et sur les destructions que nous lui infligeons, ils en viennent à considérer que le sort des plus démunis est certes déplorable, mais finalement moins dramatique que celui qui attend l'humanité si l'écologie ne devient pas la priorité absolue. Il y aurait pour eux une hiérarchie des urgences : évitons d'abord le naufrage, on pourra toujours s'occuper ensuite des passagers du bateau. Il y a toujours eu des inégalités et de la pauvreté, c'est regrettable, mais il pourrait bien ne plus y avoir d'espèce humaine...

Cette vision des choses n'est pas la pire parmi celles qui ont tendance à sous-estimer les questions sociales. La plus cynique consiste à continuer de défendre les privilèges des plus riches tout en encensant le livre de Jared Diamond, *Effondrement*[1], un « pavé » remarquable et documenté montrant comment

1. Jared Diamond, *Effondrement. Comment les sociétés décident de leur disparition ou de leur survie*, Gallimard, 2006.

certaines civilisations du passé se sont effondrées pour avoir maltraité et surexploité leur environnement naturel. Cette insoutenable position est celle de Nicolas Sarkozy. À quatre reprises au moins, le président de la République, artisan résolu de l'accroissement des inégalités, a dit publiquement à quel point cet ouvrage l'avait impressionné[2]. Il en a probablement fait une lecture très sélective, oubliant que Jared Diamond montre aussi que ce sont souvent les comportements égoïstes, dispendieux, ostentatoires et guerriers des classes et castes dominantes de ces sociétés qui ont provoqué les désastres écologiques et humains. En poursuivant la métaphore du bateau, cette position est à peu près la suivante : évitons le naufrage en conservant toutes nos richesses embarquées, et en jetant par-dessus bord ceux qui ne voyagent pas en business class, quitte à leur fournir des canots de fortune, semblables à ceux où s'entasse aujourd'hui la misère du tiers-monde en quête de survie.

Il y a de bonnes raisons de penser que la crise écologique ne trouvera pas de solution si l'on sacrifie l'équité au présent au nom des « générations futures », et si la réduction des inégalités sociales mondiales, au sens des inégalités des droits (effectifs et garantis) à bien vivre, et non pas au sens étroit des inégalités de revenus monétaires, n'est pas considérée comme une priorité au moins aussi urgente que tous les objectifs écologiques.

Pourquoi l'égalité d'abord ?

La principale raison réside dans une réflexion sur l'acceptabilité sociale des réorientations nécessaires.

2. *Le Monde diplomatique*, décembre 2007.

Celles-ci vont s'accompagner du développement quantitatif et qualitatif de certaines productions et consommations, mais aussi de limitations pour d'autres. Qui sera prioritairement affecté par ces limitations, ou par les mesures environnementales qui vont s'imposer (normes, taxes, etc.) ? Cette question est la plus importante sur le plan social et politique.

Prenons l'exemple des incidences de la forte hausse du prix du pétrole brut en 2008, plus ou moins répercutée à la pompe. Il y avait certes de la spéculation dans l'air, mais des tendances de fond sont aussi à l'œuvre, et elles vont s'amplifier avec la réduction inéluctable de la production de pétrole, sans alternative disponible, en tout cas dans des délais suffisants. Qui sera d'abord frappé par le litre de super à 2 puis 3, puis 4 euros, et plus par la suite ? On l'a bien vu en 2008, lorsque ce prix a grimpé : ce sont d'abord, outre certaines professions très dépendantes du pétrole, les ménages pauvres ou modestes. Pour eux, il s'agit essentiellement de dépenses « contraintes » (pour aller au travail, faire les courses, conduire les enfants...), parce que l'urbanisation et la mobilité ont été bâties sur l'usage de l'automobile. Pour les plus riches, ces hausses sont presque indolores, et elles le resteront longtemps. Et ils sont plus nombreux à habiter dans des centres-villes exigeant moins de déplacements contraints.

En pourcentage du revenu des ménages après impôt, le poids des dépenses énergétiques est de 15 % en moyenne pour les 20 % les plus pauvres, et de 6 % pour les 20 % les plus riches. Pour les carburants, ces chiffres sont respectivement de 4,6 % et 2,4 %. Pour l'électricité, 5,9 % et 2,2 %. Cette source (Ademe, avril 2008) ne fournit pas les chiffres par tranches de

10 %, mais il est certain que les 10 % ou les 5 % les plus riches dépensent bien peu pour ces postes en proportion de leurs revenus, même s'ils dépensent nettement plus dans l'absolu et si, à l'arrivée, ils consomment beaucoup plus de « services de la nature ».

Des politiques environnementales parfois « antisociales »

Avec de telles inégalités, certaines politiques actuelles de l'environnement en direction des ménages ou même des entreprises (par exemple la taxe carbone, dans sa version proposée par le gouvernement en France en 2009) sont « antisociales ». Elles creusent encore les écarts entre ceux qui ont les moyens de se payer les produits « verts », logiquement plus chers en moyenne (s'ils sont verts dans leurs contenus et processus de production et pas seulement sur l'emballage), et ceux qui doivent se contenter des véhicules polluants, du hard discount (dont les prix sont d'autant plus bas qu'ils reposent sur le dumping social et environnemental), des HLM à l'ancienne et de l'habitat périurbain mal desservi en transports collectifs. On pourrait envisager des écotaxes ayant des effets de réduction des inégalités, par une redistribution totale ou partielle de leurs recettes vers les bas et moyens revenus, mais, pour l'instant, ce n'est guère le cas.

Le mécontentement constaté au printemps et au cours de l'été 2008 (prix de l'essence et des produits alimentaires, pouvoir d'achat en baisse...) risque de revenir en force et de s'amplifier si les inégalités ne sont pas fortement réduites. Or, les écologistes et leurs revendications pourraient se trouver en position d'accusés, car il ne manquera pas de « défenseurs des classes populaires », y compris à droite et à l'extrême droite, pour trouver des boucs émissaires. Ce serait injuste, mais, pour anticiper cela, il faut mettre ou remettre l'égalité des droits (effectifs et garantis) à bien vivre au cœur des projets de durabilité.

D'autres arguments, typiquement écologistes, y poussent. Réduire la pression démographique mondiale ? On sait que cela passe d'abord par l'éradication de la pauvreté et le développement humain, mais aussi par des politiques d'égalité des droits des femmes et des hommes devant l'éducation, la santé et le pouvoir (une égalité qui a évidemment bien d'autres justifications). S'en prendre à la surconsommation matérielle ? Ces excès s'expliquent en partie par des comportements d'imitation, donc enracinés dans les inégalités.

Une forme nouvelle de combat mondial pour la réduction des inégalités va venir s'ajouter aux anciennes et les transformer : le combat en faveur de droits universels (réels et non pas seulement formels) d'accès aux services les plus vitaux de la nature que sont notamment ceux de l'atmosphère, de l'eau et de la biodiversité, et d'un environnement quotidien de qualité. Les avocats du social doivent s'en saisir, car ces arguments sont forts : quand des ressources vitales n'existent qu'en quantité limitée, il est encore plus défendable d'en exiger une répartition égalitaire que lorsqu'il s'agit de richesses économiques jugées (à tort) expansibles à l'infini.

CHAPITRE 2
LES « PLUS » D'UNE SOCIÉTÉ DU BIEN-VIVRE

Un rapport britannique intitulé *Prospérité sans croissance* a fait – à juste titre – parler de lui après sa sortie en mars 2009. Il a été rédigé, ce qui lui donne du poids, par le très officiel commissaire au développement durable du Royaume-Uni, Tim Jackson. Ce rapport, traduit par la suite en français[1], contient d'excellents arguments incitant à en finir avec les idées et les politiques faisant de la croissance économique un impératif de progrès. Mais, pour être encore plus convaincant, il devrait être complété sur deux aspects : d'une part, l'avenir de l'emploi et du système productif (question traitée dans la deuxième partie de ce livre) ; d'autre part, les perspectives concrètes d'amélioration du bien-être pour tous dans une trajectoire sans croissance. C'est ce que nous allons maintenant évoquer.

Vivre bien sans croissance quantitative

Dans un article de *Contre Info* accessible en ligne[2], on trouvait une présentation du rapport de Tim Jackson, avec cette importante réserve : « On peut déplorer que l'ouvrage soit plus faible en ce qui concerne les changements sociaux que pour les changements économiques. Il appelle au passage d'une économie

1. De Boeck, avril 2010.
2. http://contreinfo.info/article.php3?id_article=2688

qui vise à l'opulence ou l'utilitarisme à une économie qui vise à l'épanouissement humain, mais il ne propose pas une vision convaincante de ce que la vie pourrait être dans une société où les gens ont un niveau de vie confortable et jouissent de temps libre en abondance pour développer leurs talents et leur humanité. »

Cette réserve est juste. Il est vrai que la question est particulièrement délicate. Il faudrait y réfléchir en refusant de s'adonner unilatéralement au culte de la frugalité généralisée ou des « sacrifices » à consentir. Mettre fin à une addiction exige certes des efforts, d'autant plus importants que l'on est plus atteint. Mais ce sont les contreparties positives, individuelles et collectives, qui importent le plus pour susciter l'adhésion, et elles sont nombreuses. Sans occulter la nécessité de réduire fortement certaines productions et consommations (« faire mieux avec moins », vivre plus simplement...), il faut valoriser aussi tous les « plus » légitimes. Le « mieux durable » sans croissance matérielle globale est une combinaison de « moins » et de « plus », de décroissance du nuisible et de croissance de choses appréciables. En n'oubliant pas les « plus », on échappe à une attitude sacrificielle qui a peu de chances de faire tache d'huile et qui n'est pas justifiée. Elle ne le deviendrait que si la réorientation tardait, ce qu'il faut justement éviter.

Le « mieux » exige plus dans de nombreux domaines

Qu'est-ce qui ferait la qualité de vie individuelle et collective dans un scénario post-croissance ? Voici une liste non exhaustive des « plus » à attendre d'une trajectoire post-croissance. On peut viser :

– plus de biens et services publics associés à des droits universels, accessibles à tous, gratuits ou selon des tarifs progressifs assurant la gratuité jusqu'à un certain seuil d'usage durable (eau, transports collectifs propres, denses et pratiques...) ;

– plus d'activités et de services où l'on prend soin des gens et de leurs droits (petite enfance, personnes âgées, personnes handicapées...) ;

– plus de logements sociaux de qualité, bien isolés, à faible consommation d'énergie ;

– plus de biens qui durent longtemps et qu'on peut réparer, réhabiliter, rénover et recycler ;

– plus d'alimentation saine, issue de processus propres et de proximité ;

– plus de commerces et de loisirs de proximité, sous des modalités plus coopératives, en lien plus direct avec les producteurs ; plus de coopératives d'artisans, de TPE et PME...

– plus de gens en bonne santé et ayant reçu une éducation élargissant leurs « capacités de choix de vie » ;

– plus de temps libre choisi et plus de relations sociales, amicales et familiales ;

– plus d'air pur en ville et de qualité des eaux ;

– plus d'espaces naturels reconquis et de biodiversité ;

– plus de sens au travail, réorienté en fonction de son utilité écologique et sociale, et non de sa contribution à l'expansion des marchés ;

– plus d'égalité des revenus, des patrimoines, entre les femmes et les hommes, entre pays...

– plus de solidarité, de coopération et de lien social du local au mondial, plus d'économie sociale et solidaire ;

– plus de sécurité sociale et professionnelle ;

– plus de démocratie sous diverses formes et de participation citoyenne aux délibérations politiques et aux décisions économiques.

Cette liste indique simplement que nombre de composantes d'un régime post-croissance peuvent donner lieu à des indicateurs de « plus » et de « mieux », à l'opposé de la vision présentant la soutenabilité comme un retour au passé. Certains recommandent même de recourir aux termes de « croissance qualitative » pour la résumer. En économie, c'est plus ou moins un oxymore (une contradiction dans les termes), car la croissance n'est guère mesurée, en tout cas pour l'instant (voir l'annexe de la deuxième partie), que comme croissance des quantités. Mais l'idée est peut-être à retenir. L'encadré suivant fournit deux exemples d'une belle « croissance » désirable.

Nord-Pas-de-Calais : Amap et Cigales, deux innovations entre mille[3]

On pourrait écrire un gros livre rien qu'avec les « mille petits exemples » d'initiatives et d'innovations solidaires dans chaque région française. En voici deux, en pleine « croissance »...
Créé au Japon dans les années 1960, le système des Amap (circuits courts mettant en contact direct des paysans pratiquant une agriculture écologique et des consommateurs qui s'engagent) est arrivé en France dans le Var en 2001. Aujourd'hui, 2 000 Amap réparties sur le territoire national nourrissent 200 000 consommateurs. Parti avec retard dans la région du Nord-Pas-de-Calais, avec la création de la première Amap en 2007, le mouvement est en pleine phase d'accélération. Désormais, 500 familles disposent régulièrement de paniers fournis par l'une des 18 Amap que compte la région. Dans son développement régional, le

3. http://www.nord-social.info/spip.php?article343 et http://www.nord-social.info/spip.php?article341

mouvement des Amap bénéficie du soutien de l'association Avenir, qui accompagne des personnes souhaitant s'installer en agriculture sur des petites fermes. Par ailleurs, les collectivités locales, le conseil régional, les deux conseils généraux, la communauté urbaine de Lille et la ville de Lille apportent leur contribution à ce printemps des Amap dans le Nord-Pas-de-Calais.
Les Clubs d'investisseurs pour une gestion alternative et locale de l'épargne solidaire (Cigales) sont des structures de capital-risque de proximité : des citoyens bénévoles investissent collectivement leur épargne dans des entreprises (au sens large : SARL, Scop, Scic, SA, associations) en création ou en développement, ou dans des reprises d'entreprises locales. Leur charte invite à « donner la priorité à des entrepreneurs dont les buts, au-delà du nécessaire aspect financier, sont sociaux, culturels, écologiques, c'est-à-dire respectueux de la place de l'homme dans son environnement ». Chaque club est constitué de cinq à vingt personnes, qui mettent une partie de leur épargne en commun. Il se réunit plusieurs fois par an pour recevoir les créateurs, décider des placements et affecter cette épargne collective au capital des entreprises. C'est un lieu d'échanges et d'autoformation sur les questions économiques et de développement local, où investisseurs et porteurs de projet font l'expérience d'une économie socialement responsable et solidaire. Le club a une durée de vie de cinq ans, prorogeable une fois. Au terme de sa vie, il procède à la liquidation de son portefeuille, au prorata des apports des « cigaliers ». 2009 a été l'année de tous les records de « croissance » chez les Cigales du Nord et du Pas-de-Calais. Que ce soit en nombre d'entreprises soutenues, en montants investis, en nombre de clubs, en nombre de cigaliers. Pourtant, le contexte économique et financier était plus que morose. Pourquoi cette progression ? De plus en plus de citoyens veulent donner du sens à leur épargne afin qu'elle contribue au développement d'une économie plus solidaire et qu'elle favorise le développement local.

CHAPITRE 3
PAUVRETÉ, BIEN-VIVRE ET CROISSANCE

Parmi les objections présentées aux thèses de ce livre, l'une est fréquente. Elle consiste à mettre en avant le besoin de croissance pour résoudre le problème de la pauvreté dans le monde, mais aussi chez nous. Nous examinerons au chapitre suivant une autre objection, elle aussi « sociale », qui concerne la protection sociale. Il est clair que, pour être désirable, une société soutenable devrait ambitionner d'éradiquer la pauvreté, la faim dans le monde et bien d'autres privations et dénis de droits humains. Mais il faut y réfléchir à deux fois avant de faire de la croissance le remède universel. Des solutions alternatives crédibles existent et sont préférables à long terme.

La croissance ne réduit pas les inégalités et la pauvreté au Nord

Il existe en tout cas un argument à balayer fermement. C'est celui qui fait de l'impératif de croissance la grande condition de lutte contre la pauvreté *dans les pays riches*. Il est inconsistant. Ceux qui le défendent font généralement partie des 10 % les plus riches des pays les plus riches... D'abord, si le niveau d'abondance matérielle était corrélé avec la faiblesse du taux de pauvreté (ou des indicateurs d'inégalités) dans les pays riches, cela devrait se voir dans les chiffres. Ce n'est pas le cas, nous l'avons vu au chapitre 2 de la première partie. Ensuite, si, dans chaque pays riche, la croissance était un facteur de réduction de la pauvreté, les séries statistiques depuis une ou deux décennies devraient l'enregistrer. Elles montrent plutôt l'inverse sur cette période, après une période antérieure il est vrai plus « glorieuse ». Enfin, si les responsables politiques voulaient vraiment éradiquer la pauvreté en France, ils pourraient le faire sans grande difficulté économique et sans croissance. Un calcul assez élémentaire montre en effet qu'une ponction assez modeste sur les plus hauts revenus y pourvoirait.

Si on prenait un peu aux riches, ça ferait combien pour les pauvres ?

Décidons arbitrairement de prélever 10 % des revenus des 10 % les plus riches. En moyenne. Car on peut (et on doit) faire cela de façon progressive. Décidons d'utiliser ce « prélèvement solidaire sur les revenus » pour améliorer le sort des 20 % du bas de l'échelle, de façon également progressive (donner plus aux plus bas revenus). Le calcul[1] montre qu'on pourrait alors éradiquer la pauvreté en France et améliorer la situation matérielle de ceux qui sont un peu au-dessus du seuil de pauvreté, sans réduire les revenus de 90 % des gens et sans qu'il y ait besoin de croissance pour cela. Si nos élites ne gravitaient pas presque toutes du côté des 10 % du haut de l'échelle, et assez souvent du côté des 1 % les plus fortunés et de leurs réseaux, il y a longtemps que cela aurait été envisagé.

Combien représenterait au total cette « redistribution solidaire » aux effets sociaux immenses ? En gros, 20 milliards d'euros. Or, à combien se monte la

1. Les détails figurent sur mon blog, dans le texte « Si on prenait un peu aux riches... ».

perte annuelle de ressources fiscales liée aux réductions successives *du seul impôt sur le revenu* depuis 2000, sans même parler d'autres cadeaux (voir le chapitre 3 de la quatrième partie) ? Réponse : autour de 30 milliards d'euros... dont les deux tiers ont bénéficié exclusivement aux 10 % les plus riches. Les deux tiers de 30 milliards, c'est... 20 milliards ! Ce « transfert solidaire » reviendrait donc tout simplement à reprendre aux plus riches les réductions d'impôt sur le revenu qu'on leur a offertes sur un plateau depuis dix ans.

Les arguments précédents ne portent que sur la pauvreté dite monétaire, celle des revenus ou du pouvoir d'achat. Il faut les compléter en considérant que la pauvreté est multidimensionnelle, et que la faiblesse du pouvoir d'achat n'est pas une bonne mesure de la faiblesse du « pouvoir de bien-vivre ». Nous mènerons cette réflexion (déjà entamée à la fin de la première partie) dans la suite du présent chapitre.

Les pays pauvres et la croissance

Ce livre est d'abord consacré à des perspectives concernant les pays dits développés. Mais il nous faut évoquer cette objection partout présente, et bien plus sérieuse que la précédente : alors, vous voulez que les pays pauvres restent pauvres ? Il s'agit d'une vaste question, qui exigerait un autre livre. Limitons-nous à quelques idées.

La première est que les pays pauvres ont assurément besoin d'une forme de développement humain durable qui, dans leur cas, passe par la croissance de certaines productions de biens et de services essentiels insuffisamment présents dans ces pays. Les graphiques du chapitre 2 de la première partie vont d'ailleurs en ce sens : jusqu'à un certain seuil (en gros, la moitié du PIB par habitant en France), les progrès du bien-être, de la santé et de l'éducation sont corrélés à la croissance du PIB par habitant. On observe toutefois, dans le groupe des pays pauvres aussi, qu'avec un même niveau de richesse matérielle on peut aboutir à des niveaux de bien-être dont certains sont bien meilleurs que d'autres.

La deuxième idée est que, aussi bien dans l'intérêt des populations de ces pays, souvent en première ligne des effets néfastes de la crise écologique, que dans l'intérêt de l'humanité tout entière, il ne faut surtout pas que leur croissance matérielle (maîtrisée et sélective) suive le modèle productiviste et pollueur qui a été celui de l'Occident. Nous n'avons certes pas de leçons à donner. Nous devrions commencer par balayer devant notre porte, car pour l'instant les émissions de gaz à effet de serre et autres pollutions par habitant des pays riches sont de loin plus importantes que celles des pays pauvres ou émergents, Chine comprise. Et d'ailleurs, certains de ces derniers pays ont déjà engagé des politiques de durabilité, notamment en faveur des énergies renouvelables. L'Inde a lancé un ambitieux programme dans le solaire photovoltaïque, et est déjà le leader mondial en termes de production.

Les solutions passent par la coopération internationale et par les contributions des pays riches et des institutions internationales à l'accès des pays pauvres à des trajectoires de soutenabilité. S'agissant du changement climatique, le rapport 2007-2008 du Pnud contient à peu près tout ce qu'il faut pour agir. Il ne manque pour l'instant que la volonté politique. De solides propositions figurent aussi dans le rapport *Une croissance verte pour les pays en développement*, publié par une agence des Nations unies en avril 2010[2]. Ce rapport explique comment ces pays peuvent passer directement à des économies à faibles émissions de carbone en améliorant l'efficacité énergétique, en adoptant l'agriculture biologique et en installant des équipements d'énergies renouvelables hors réseau à un coût abordable pour les populations. Tout indique que les solutions existent déjà.

La croissance contre la pauvreté mondiale ?

Il reste des questions plus globales encore : une forte croissance mondiale n'est-elle pas nécessaire pendant des décennies pour assurer le bien-vivre à neuf milliards d'humains ? L'objection m'a été présentée par Jean-Paul Fitoussi lors d'un débat sur France Culture, dans les termes suivants : « Si l'on divise le PIB mondial par le nombre d'habitants, on obtient le niveau du RMI en France ! L'humanité est pauvre. » Il s'agissait d'un argument supposé décisif en faveur de la poursuite de la croissance, pendant environ un siècle, au nom de la lutte contre la pauvreté dans le monde.

Cette vision est très discutable. D'abord, même en restant à l'intérieur de cette logique du PIB, le calcul est techniquement contestable. Si l'on raisonne en effet en « parités de pouvoir d'achat » (PPA), ce qui est recommandé dans de tels cas, on trouve que le PIB mondial en 2008 était, selon la Banque mondiale, de 70 000 milliards de dollars PPA, soit 10 400 dollars par personne et par an, soit 867 dollars par mois, ou 800 euros en PPA[3]. Ce n'est donc pas le RMI, c'est près du double. Qui plus est, ce chiffre de 800 euros

2. http://yonne.lautre.net/spip.php?article4183
3. Un dollar vaut 0,922 euro en PPA selon l'OCDE.

étant calculé par personne, il serait nettement supérieur, peut-être de 50 %, si on l'évaluait en termes de « niveau de vie par unité de consommation[4] ». Bref, il y a certes des milliards de pauvres dans le monde, mais le monde n'est globalement pas si pauvre qu'on le dit parfois, sur le strict plan des comptes économiques usuels.

Mais l'essentiel n'est pas là. Évaluer les possibilités de vivre bien pour tous dans le monde est une préoccupation essentielle, mais c'est nettement plus compliqué que de prendre une calculette et de diviser le PIB mondial par la population mondiale. Cette dernière méthode revient en fait à supposer que tous les habitants du monde ont intérêt à vivre à l'occidentale, avec nos représentations et nos outils de mesure de la richesse, notre salariat omniprésent, notre urbanisation et nos normes de confort matériel. C'est certes ce que le capitalisme voudrait nous faire croire, mais ce n'est pas forcément l'objectif de la plupart des habitants d'une planète où, par exemple, une personne active sur deux est un paysan, soit trois milliards de personnes si l'on compte leurs familles : la moitié de l'humanité.

Dans un monde où il y a (et où il faudra) beaucoup de petits paysans, surtout au Sud, les calculs fondés sur le PIB sont inadéquats, car la petite production paysanne vivrière et l'autoproduction pour

4. Pour l'Insee, le niveau de vie d'une personne est égal au revenu du ménage divisé par le nombre d'unités de consommation (uc). On attribue 1 uc au premier adulte du ménage, 0,5 uc aux autres personnes de 14 ans ou plus et 0,3 uc aux enfants de moins de 14 ans. Avec cette définition, toutes les personnes d'un ménage ont le même « niveau de vie ». On compte en France 41 millions d'uc. Je ne connais pas de travaux mondiaux fondés sur des calculs d'uc.

ses propres besoins et ceux de sa famille y échappent largement, tout comme le travail des femmes, souvent le plus important, tout comme le patrimoine des terres cultivables ou les multiples solidarités informelles. Or, ce sont les principales richesses, les grandes sources de développement humain, et une revendication majeure des peuples (le mouvement des « sans-terre » au Brésil, par exemple). Le PIB ne compte que ce qui est marchand ou monétaire. Les calculs qui le privilégient reviennent, consciemment ou non, à prendre pour norme la marchandisation et la monétarisation de tout et la migration massive de l'agriculture paysanne vers le salariat ou le chômage des bidonvilles du Sud. Le partage mondial des richesses, de toutes les richesses, à commencer par les richesses gratuites, sur la base de droits humains universels, n'a pas grand-chose à voir avec le partage du PIB. Ce dernier fait l'impasse sur l'essentiel : le partage des terres, des forêts, des zones de pêche, de l'eau, des ressources du sous-sol, du travail domestique, etc.

Le culte de la croissance n'est pas universel

Voici un exemple extrême, mais qui fait réfléchir. Dans le cadre d'une coopération (impulsée par la fondation France Libertés) avec des états de l'Amazonie brésilienne, une démarche participative a été engagée afin de définir les composantes du bien-être revendiqué, en vue de construire des indicateurs. Or, les peuples qui vivent dans et de la forêt n'expriment pas de besoins « à l'occidentale ». Ils refusent l'exploitation industrielle de leur forêt et de leur sous-sol. Ils refusent que des routes et des autoroutes les sillonnent, car les fleuves et les rivières sont leurs moyens de communication et leur conviennent. Ils ont leurs systèmes d'éducation et de santé gratuits. Ils ne vivent pas dans du béton. Leur supermarché, c'est la forêt. Leur contribution au PIB, tout comme leur empreinte écologique, est proche de zéro, ce qui irrite vivement les économistes occidentalistes de Brasilia. Cela ne les empêche nullement de participer à des forums sociaux mondiaux et à des échanges culturels. Leur mot d'ordre est le *bem viver*, vivre bien. Or, ce dernier est d'abord menacé par l'injonction de croissance.

Il serait tout aussi stupide de faire de cette vision très particulière un modèle général que de faire du mode de production et de vie occidental – au demeurant infiniment plus inégalitaire – une norme mondiale désirable. C'est pourtant ce que l'on fait en se fondant sur le PIB par habitant pour évaluer la pauvreté ou la richesse. Notre addiction au PIB et à la croissance est telle que nous ne réalisons plus à quel point ces outils sont occidentalisés et « ethnocentriques ».

D'autres bons exemples existent de pays pauvres dont la société civile refuse la course à la croissance à tout prix[5]. L'Équateur est un pays pauvre. Son PIB par habitant est l'un des plus faibles de l'Amérique du Sud. Sa forêt amazonienne (la région ou parc Yasuni) est une exceptionnelle réserve de biodiversité et un important « puits de carbone ». Mais le sous-sol de cette zone est riche de pétrole. Pendant de nombreuses années, il n'est jamais venu à l'esprit des dirigeants équatoriens de forer ce parc naturel pour en extraire le pétrole. Cependant, au cours de ces dernières années, le gouvernement a commencé à en envisager l'exploitation. Pour éviter la destruction d'un tel réservoir

5. Ce qui suit s'inspire de : http://climatcopenhague.blog.lemonde.fr/category/equateur/

de la biosphère terrestre, des membres d'ONG équatoriennes et des hommes et femmes politiques ont eu l'idée de trouver des contreparties financières à l'engagement de laisser le pétrole sous terre. L'idée a fait son chemin tant en Équateur que dans d'autres pays du monde. Ainsi, l'Allemagne ou l'Espagne mais aussi la France se sont engagées à verser une partie de ces 7,2 milliards de « pétrodollars » en échange de l'engagement de ne pas forer cette zone. À force de négociations menées par les représentants de Yasuni, la somme totale a été presque entièrement réunie. De plus, à Copenhague, le Pnud et les représentants du projet Yasuni ont signé un accord-cadre pour la création d'un fonds destiné à recevoir l'ensemble des sommes promises internationalement. La somme étant réunie, le Pnud s'est engagé à créer un fonds dédié ; on pouvait croire la réserve sauvée. Mais, début 2010, le président équatorien, Rafael Correa, a remis en question le programme Yasuni, sous la pression de compagnies pétrolières semble-t-il chinoises et brésiliennes. Plusieurs responsables du projet, membres du gouvernement, ont démissionné. Ils ont obtenu gain de cause, avec l'appui de réseaux nationaux et mondiaux, et, fin 2011, le projet est à nouveau sur les rails, mais les financements se font toujours attendre... Ce combat exemplaire continue.

Qu'il s'agisse des paysans du monde et de leurs familles, des peuples indigènes, des pays et groupes sociaux qui font de la résistance, la logique occidentale de la croissance à perpétuité ne répond pas à des besoins universels de développement humain durable adapté à chaque situation. Elle se présente plutôt comme une entreprise de colonisation des esprits, des corps et des ressources.

CHAPITRE 4
RETRAITES ET SOCIÉTÉ SOUTENABLE

Pour pouvoir être accepté et si possible désiré, un projet de société soutenable doit garantir une bonne protection sociale pour tous. Nous avons connu en 2010 d'importants mouvements sociaux sur les retraites, et les années à venir ont de bonnes chances d'être marquées par un débat perpétuel sur la protection sociale. Tentons donc d'aborder ces questions, dans le cas des retraites, en quittant le registre purement économique et « croissanciste » qui les pollue gravement. L'avenir des retraites est en effet encore trop souvent questionné en oubliant complètement un des risques à venir, qui a déjà commencé à se manifester : l'impact de la crise écologique sur l'humanité.

Les divers scénarios de financement des retraites d'ici à 2050 supposent presque tous (il existe de rares réflexions alternatives, par exemple au sein d'Attac) une croissance économique infinie. On nous dit souvent, y compris à gauche, que, dès lors que la « richesse nationale » à population identique serait, par exemple, deux fois plus importante en 2050 qu'en 2010 (soit une croissance moyenne de 1,8 % par an), il n'y aurait pas de vrai problème de financement à terme : si le « gâteau » grossit, on peut en distribuer une plus grande part aux retraités, dont le nombre relatif augmente, sans rien retirer à personne, voire avec une progression du pouvoir d'achat des actifs.

La croissance comme remède magique à toutes les inégalités et injustices : c'est cet argument que le capitalisme a constamment servi aux peuples au cours du XXe siècle afin de se faire passer pour le meilleur des systèmes. Il serait temps de s'interroger sur le paradoxe qui consiste à défendre l'environnement des « générations futures » à propos du réchauffement climatique et à l'oublier lorsqu'il est question de leurs retraites à long terme. Nous tenions tous de tels raisonnements sur les retraites et la croissance, il y a quelques années. Mais bien des choses que nous ignorions ou considérions alors comme secondaires sont apparues depuis comme proprement vitales. Il est grand temps de les intégrer.

Les retraités du futur n'ont pas besoin d'une croissance qui va leur pourrir la vie, mais de partage des richesses et de réduction des inégalités. Pas seulement les richesses marchandes. Le pouvoir d'achat des retraites, c'est très important, surtout pour les petites et moyennes retraites, qu'il faut absolument défendre contre la régression programmée (qui a déjà commencé). Mais il faut aussi développer des services hors logique marchande (santé, culture et sport, transports collectifs...) et l'accès à des richesses non économiques (liens sociaux, participation citoyenne, richesses naturelles...) pour fonder le « bien-vivre » des retraités dans un monde soutenable. En isolant le pouvoir d'achat, on confond le « pouvoir de bien-vivre » avec ce qu'on peut se payer, on conforte la marchandisation du monde version troisième âge. Aurions-nous déjà oublié le manifeste de nos amis antillais pour « les produits de haute nécessité[1] » ?

1. http://kinoks.org/spip.php?article345

Voici quelques pistes pour raisonner autrement. Il faudrait :

1. Privilégier les ingrédients du bien-vivre des retraités dans une société soutenable. Ce sont à peu près les mêmes que pour les actifs (à l'exception du travail rémunéré). S'agissant par exemple du « grand âge », l'association Babayagas milite pour des modes de vie fondés sur quatre piliers, qui sont leurs « produits de haute nécessité » : autogestion, solidarité, citoyenneté et écologie. Cela implique certes des ressources financières, mais de façon sobre et partagée. Pourquoi ne pas mobiliser des valeurs semblables pour l'ensemble des retraités ?

2. Fixer un revenu maximum pour tous les citoyens, actifs ou retraités, défini comme multiple raisonnable d'un revenu minimum décent pour en finir avec la pauvreté monétaire, dont celle des seniors (notamment les femmes). Ce serait économiquement, socialement et écologiquement efficace.

3. Réfléchir à la fois au financement des pensions et à celui de services collectifs gratuits ou fortement subventionnés, publics ou associatifs, dédiés à l'amélioration de la qualité de vie des seniors et à leurs activités dans la cité, ce qui serait décisif pour les personnes à revenus modestes.

4. Produire des richesses et des valeurs économiques autrement, sans croissance quantitative, en réduisant la part du futile au bénéfice de l'utile, avec une progression de la qualité et de la durabilité, sources de valeur ajoutée et d'emplois. Une société de plein-emploi sans croissance des quantités est possible, nous l'avons vu dans les chapitres précédents, en combinant montée en durabilité, partage équitable du travail et réduction

des inégalités[2]. Or, le plein-emploi est un atout majeur pour le financement des retraites.

5. Maintenir le droit à une retraite de bonne qualité à 60 ans. Ceux qui défendent cet acquis ont d'excellents arguments. Ajoutons-en un : l'écologie. La retraite à 60 ans reste un outil majeur à la fois de partage du temps de travail (quand il y a quatre à cinq millions de personnes au chômage ou en sous-emploi) et de relativisation de l'emprise excessive du travail et de l'économie sur la vie *et sur la nature*. Ce ne sont pas les activités bénévoles d'utilité sociale et écologique qui manquent pour les « seniors associés ».

6. Dresser un bilan des dizaines de milliards récupérables annuellement sans croissance quantitative en prenant l'argent là où il est, en particulier dans l'excès de profits. Nous y reviendrons dans le dernier chapitre.

7. Enfin, intégrer dans le raisonnement une piste oubliée : celle de l'égalité des femmes et des hommes devant l'emploi de qualité et devant les salaires. Des politiques publiques peuvent ici être très efficaces. Tendre vers l'égalité professionnelle des femmes et des hommes, objectif ignoré par le Conseil d'orientation des retraites, serait une énorme source de richesses économiques, avec à la clé des emplois socialement utiles. Cela permettrait d'ajouter plusieurs dizaines de milliards d'euros au financement de la protection sociale, selon l'estimation proposée par Christiane Marty[3].

---

2. Voir aussi le blog d'Alain Lipietz « Climat, emploi, même combat ».
3. Voir son analyse sur mon blog, texte du 25 avril 2010.

QUATRIÈME PARTIE
AMPLEUR DE LA CRISE, AMPLEUR DE LA RÉORIENTATION

Pour beaucoup d'analystes de la crise, ce que l'on observe depuis 2007-2008 (mais quelques personnes avaient fait ce diagnostic plus tôt) est la manifestation cumulative de plusieurs crises interdépendantes. Retenons la liste suivante :

– une *crise financière*, abondamment disséquée, se prolongeant en une *crise économique* allant jusqu'à la récession, avec des effets massifs et négatifs sur l'emploi ;

– une *crise sociale*, dont la forme la plus commentée est l'explosion des inégalités : à un pôle, un « effet de richesse » (énormes revenus et patrimoines d'une petite minorité) ; à l'autre pôle, la précarité des conditions de vie pour un nombre croissant de personnes. Ce creusement des inégalités a joué un rôle important dans la crise des subprimes, comme l'ont montré de nombreux économistes, dont Michel Aglietta, Frédéric Lordon et les économistes d'Attac ;

– une *crise écologique*, trop souvent ignorée comme facteur aggravant.

Explicitons cette idée d'une composante proprement écologique de la crise économique. On oublie parfois que la période 2003-2008 a aussi été marquée par l'envolée du cours du pétrole et, à partir de 2006, de nombreuses matières premières et de produits agricoles. Cela a provoqué à l'époque (en 2007 et surtout au printemps 2008) de graves pénuries alimentaires dans le monde. Il est vrai que la spéculation financière porte, dans ce cas également, une lourde responsabilité dans cette hausse des cours. Mais cette dernière s'est produite aussi sur une vague de fond de raréfaction de ressources naturelles (la rareté créant l'avidité spéculative), dont le pétrole et certaines matières premières, de diminution des terres arables dédiées à l'alimentation, d'érosion des sols sous l'effet du productivisme, de désertification et de réduction des ressources en eau dans de nombreux pays, et de début de réchauffement climatique renforçant ces tendances dans plusieurs régions du monde. S'y est ajoutée la montée en puissance des agrocarburants, réduisant les terres dédiées à l'alimentation au bénéfice de celles destinées aux déplacements motorisés, le tout sur fond de crise du pétrole, qui est bien une dimension de la crise écologique.

De 2003 à 2008, les difficultés financières des ménages pauvres et endettés se sont fortement accrues, en lien avec le double phénomène de raréfaction objective et de spéculation sur la nature, devenue ressource rare. Cela a amplifié la crise de l'immobilier et des subprimes aux États-Unis, et la pauvreté dans le monde. Il devenait de plus en plus cher de se nourrir, de rouler en voiture et de se chauffer, entre autres.

Selon cette analyse, nous assistons donc à la première crise socio-écologique du capitalisme financier et boursier, la première où la raréfaction des ressources et les dégâts écologiques ont eu une influence sur le plongeon économique, même si celle-ci n'a pas été la plus importante. Et la probabilité est forte qu'à l'avenir le rôle des facteurs écologiques soit de plus en plus décisif, vu que les pressions humaines sur l'environnement continuent à augmenter et que le pic du pétrole et de certaines matières premières essentielles se rapproche. On observe déjà qu'au moindre signe de reprise significative de la croissance au niveau mondial, les tensions sur les matières premières, l'énergie et les capacités de fret font exploser les prix de ces ressources, la spéculation devançant toujours l'événement pour dresser un obstacle par anticipation. Cette envolée des prix provoque des effets brutaux sur la demande effective dans les pays consommateurs de ces ressources, puisqu'ils doivent consacrer une partie plus grande de leurs revenus à acheter ces produits venus d'ailleurs, ce qui déprime la demande pour leurs productions domestiques. Bref, la croissance, même seulement anticipée, vient étouffer la croissance. Jamais la boucle entre crise écologique, finance folle et crise macroéconomique n'a été aussi manifeste et aussi funeste[1].

Notre hypothèse est donc que, si d'importantes réorientations structurelles de la production et des modes de vie ne sont pas enclenchées rapidement, la crise actuelle, de nature systémique, va se prolonger pendant des années et engendrer de nouvelles périodes récessives. Il serait totalement inefficace dans ces conditions de se contenter d'une simple inflexion de la production en direction de processus et de produits plus écologiques, laissant en l'état ou presque le système financier, les inégalités, le pouvoir des actionnaires, le fonctionnement du commerce mondial et le culte de la croissance associé au consumérisme.

La grande bifurcation qui s'impose implique donc une économie au service d'une société soutenable sur tous les plans : écologique, social, financier et économique, mais aussi démocratique (exigeant une réforme du système des pouvoirs). La question même de la capacité du capitalisme à impulser cette réorientation

1. Laurent Cordonnier m'a soufflé ce paragraphe.

est désormais posée. Mais, plutôt que de lui opposer des modèles hypothétiques, il semble plus réaliste de repérer et de conforter des alternatives qui existent déjà, et les acteurs qui les portent.

CHAPITRE 1
PEUT-ON S'EN SORTIR DANS LE CADRE D'UN CAPITALISME RÉFORMÉ ?

Personne n'a de réponse ferme et définitive à cette redoutable question. Il semble quand même que la crise actuelle ainsi que la montée des périls écologiques (composante de cette crise) renforcent les doutes sur la possibilité de concilier capitalisme et société solidaire et soutenable, ou développement humain durable. Voici neuf caractéristiques structurelles du capitalisme qui font douter de sa capacité à nous sortir de la zone des tempêtes à répétition :

1. Le capitalisme s'est historiquement développé sur la base (entre autres) de la destruction et de la privatisation de biens naturels « communs » (en propriété commune : terres, forêts...), tant au centre que dans la périphérie colonisée ou dominée. Ces expropriations/privatisations ont d'ailleurs beaucoup contribué à la « mise au travail salarié ». Et cela continue allégrement aujourd'hui, sous des formes renouvelées. Or, on ne voit pas comment on pourra sortir de la crise écologique sans reprendre le contrôle collectif, ou « communal », ou coopératif de ces biens communs privatisés : la terre, les sources d'énergie, l'eau, les forêts, etc. Il faut y ajouter aujourd'hui le climat et la maîtrise de son changement. Pour l'instant, les acteurs dominants du capitalisme résistent puissamment à toute maîtrise collective des risques écologiques majeurs où ils nous ont entraînés.

2. Les dirigeants politiques libéraux ont offert sur un plateau au capital financier le pouvoir de contrôler la monnaie et le crédit, qui sont ou devraient être eux aussi des biens communs, et de créer tous les outils d'une spéculation permanente sur tout. On ne s'en sortira pas sans remettre les pouvoirs financiers à des pôles publics ou coopératifs débarrassés de la pression des actionnaires. Mais enlever au capitalisme les possibilités de la spéculation monétaire et financière, les paradis fiscaux reconnus ou de fait (comme la City), c'est le priver d'une de ses sources majeures de profit et de domination. Aux États-Unis, la part des profits des banques dans les profits des entreprises est passée de 10 % en 1980 à 40 % en 2007 !

3. Le capitalisme ne cesse par ailleurs de s'en prendre aux biens communs sociaux que sont le droit du travail, la protection sociale et d'autres droits humains, les services publics, etc., et il est souvent parvenu à les faire régresser depuis les années 1980. S'agissant du travail, toute perspective de société soutenable passe par la promotion du travail décent partout. Le travail indécent est probablement la principale source de profit des multinationales (dumping social). Mais il est devenu aussi, dans les pays dits développés, sous la forme du travail précaire et des petits boulots, sous la forme de la pression à la baisse de la part de la valeur ajoutée revenant aux salaires, sous la forme de l'intensification du travail, un mode d'emploi hautement profitable que les entreprises revendiquent comme une nécessité pour leur « compétitivité ».

4. Le capitalisme global s'est développé sur le terreau d'inégalités sociales mondiales (prenant la forme du colonialisme puis du néocolonialisme : voir le film de Philippe Diaz *La Fin de la pauvreté ?*) qu'il a eu

tendance à renforcer depuis trente ans, et dont il tire une large part de ses profits. Or, on ne résoudra pas la crise écologique sans les réduire fortement.

5. Le capitalisme a besoin de susciter sans cesse des désirs de possession de marchandises en faisant passer le futile pour l'utile et les pulsions pour des besoins, en poussant au renouvellement rapide des achats. Cette course mortelle devra cesser pour qu'on sorte des crises.

6. Le capitalisme résiste férocement à toute idée de « planification » nationale et mondiale, en désignant par ce terme des projets collectifs à long terme décidés démocratiquement au nom de l'intérêt général des générations présentes et futures. Il y voit, à juste titre, une entrave à sa liberté d'action et d'exploitation. Or, il va falloir « planifier » de plus en plus pour s'en sortir, notamment l'accès aux ressources vitales et l'interdiction des comportements pollueurs, mais aussi la nature des activités utiles et soutenables à promouvoir, au détriment de celles qui détruisent « la planète ».

7. Le capitalisme consiste à faire fonctionner en priorité la concurrence et non la coopération, aussi bien entre les firmes qu'entre les nations. Or, c'est l'inverse qu'il faut privilégier. L'échec de Copenhague est un triste exemple où la concurrence des dominants l'a emporté sur la coopération des peuples.

8. Le capitalisme a connu un siècle d'énergie à bas prix, de transports quasiment gratuits, de ressources du sous-sol abondantes et peu chères, de pays du Sud totalement dominés via la dette, les programmes d'ajustement structurel, les interventions directes, la corruption et les guerres. Tout cela semble devoir s'inverser et va peser sur la profitabilité.

9. Le capitalisme est un frein puissant à la nécessaire diffusion mondiale d'innovations de la durabilité qui ne soient pas seulement technologiques. Avec ses droits de propriété intellectuelle et ses brevets (tels ceux des médicaments vitaux), il s'avère incapable d'introduire les innovations là où ce n'est ni solvable ni rentable (en termes de profits privés), alors qu'il s'agit souvent des lieux où ce serait le plus nécessaire, et donc le plus « rentable » sur le plan collectif. Qui plus est, il joue certaines innovations douteuses ou à hauts risques mais profitables (OGM, nucléaire, agrocarburants, etc.) contre d'autres qui seraient bien plus efficaces contre la crise écologique et sociale (agroécologie et agriculture biologique, petite et moyenne production et distribution locales en coopératives, etc.).

Pour résumer, même si l'on n'est pas un fan de la « loi de la baisse tendancielle du taux de profit », on peut se poser cette question : où seraient la « valeur pour l'actionnaire » et les profits d'un capitalisme auquel on aurait retiré, au nom du bien commun, les territoires suivants d'expansion et de profit ?

– La croissance quantitative et la stimulation artificielle des pulsions d'achat.

– Le crédit à l'économie et la spéculation financière et boursière sur les monnaies, sur les ressources naturelles et alimentaires, sur le logement, etc.

– Le dumping social et la domination néocoloniale ou impérialiste du Sud.

– L'existence de très hauts revenus, et de très bas.

– Le dumping écologique et la très grande propriété foncière, la gestion de l'eau, de l'énergie...

– La gestion d'autres services publics et services d'intérêt général associés à des droits universels, dont la protection sociale, l'éducation, la santé, les transports collectifs, etc.

– Les droits de propriété intellectuelle sur les connaissances d'intérêt général, sur le vivant, etc.

– La mise en concurrence inéquitable des territoires et des ressources, et le commerce inégal.

Personne n'a la réponse. Mais on peut au moins dire qu'un capitalisme ainsi encadré et limité n'a jamais existé. Car même pendant la période « fordiste », durant laquelle il a été le plus soumis à des règles et contraintes fortes dans les pays industrialisés (accords de Bretton Woods, forte présence de l'État et des syndicats dans l'économie, impôts très progressifs, inégalités réduites, banques nationales, emplois stables au moins dans la grande industrie, les services publics et les administrations...), il a fonctionné dans le même temps sur la base de la surexploitation sauvage des ressources naturelles et humaines du tiers-monde, en polluant à tour de bras et en industrialisant l'agriculture, et surtout en faisant de la forte croissance de cette époque son principal « argument de vente » auprès de l'opinion.

Quoi qu'il en soit de ces hypothèses à débattre, ceux qui pensent qu'un capitalisme régulé pourrait faire l'affaire devraient tenter soit de répondre aux questions qui précèdent, soit d'expliquer en quoi elles sont mal posées. Quant au problème encore plus délicat des alternatives et des transitions, c'est l'objet du prochain chapitre.

CHAPITRE 2
QUELS ACTEURS POUR QUELLES ALTERNATIVES ?

On doit sans aucun doute réfléchir à « un autre monde » sur le plan des valeurs et des objectifs souhaités. Il est également utile de se poser des questions sur les limites du « système » actuel, comme nous venons de le faire. Mais il est encore plus important, pour passer des réflexions à l'action citoyenne et politique, de penser le chemin, les transitions et les acteurs de la bifurcation. Or, on peut le faire de façon aussi réaliste que possible en commençant par trois séries de questions.

Où trouve-t-on aujourd'hui des collectifs qui militent, souvent de longue date, du local à l'international, pour l'égalité des droits au bien-vivre, contre la faim, la pauvreté et la précarité dans le monde, contre la dette du tiers-monde, pour des taxes qui freineraient la spéculation financière, contre les paradis fiscaux, pour une forte réduction de l'empreinte écologique, contre la folie des agrocarburants, contre la dictature du PIB et de la croissance ?

Existe-t-il aujourd'hui des expériences alternatives de petite ou de grande ampleur qui marchent, fondées sur les valeurs de solidarité, de coopération et de « soutenabilité », contre celles de la loi de la jungle économique et du « toujours plus de quantités » ? Existe-t-il des expériences fondées sur la gratuité des échanges contre la lucrativité ou la cupidité ? Quid du rôle des services publics ?

Enfin, sur le plan des politiques nationales et des institutions internationales, où trouve-t-on le plus de proximité et de sources d'idées, d'alliances possibles ?

Cette façon de raisonner ne règle pas tout, mais elle semble aujourd'hui prioritaire. La condition première pour toute évolution vers une société solidaire et écologique post-croissance réside en effet dans le fait de pouvoir y croire, et donc de refuser les idéologies de la « fin de l'histoire » sur la base du triple constat suivant : c'est possible parce qu'il y a partout et en grand nombre des gens qui mènent de tels combats ; c'est possible parce que cela existe déjà (en partie) ; et c'est possible parce que, du côté des politiques et des institutions officielles, on peut aussi trouver des alliés. En fait, il en est presque toujours ainsi quand un « autre monde » parvient à advenir. Il se développe en prenant appui sur les contradictions et faiblesses du vieux monde, et sur les alternatives qui y naissent. Par une conjonction d'utopies mobilisatrices, d'expériences ou de politiques alternatives, et d'actions collectives en faveur de leur extension.

La société civile, principale force motrice

L'histoire des trente dernières années peut conduire à penser que le capitalisme financier, celui qui mène la danse au nom de la croissance, n'a cessé de gagner en influence, contre les défenseurs des valeurs de solidarité et des biens communs. Or, il faut nuancer ce constat car, simultanément, la contestation a elle aussi pris de l'ampleur et produit de nombreux effets, le moindre n'étant pas l'évolution politique du continent sud-américain et notamment l'influence qu'y ont des réseaux de citoyens.

Qui est à l'origine de la contestation et de l'espoir d'un « autre monde » ? Sans le moindre doute, depuis les années 1990, ce sont les réseaux formels et informels de ce qu'on appelle la société civile mondiale. Il s'agit d'un terme un peu vague[1], utilisé ici pour désigner les collectifs, forums, associations et mouvements volontaires de citoyens (dont les syndicats) et les ONG. Ils ont, de façon inégale, gagné en influence et en capacité de mobilisation dans le monde. Ils sont intervenus auprès des pouvoirs politiques et des pouvoirs économiques, par des campagnes de sensibilisation, des manifestations, des pétitions, des actions de formation ou d'éducation populaire. Cela ne veut pas dire que les institutions plus classiques, dont les partis politiques, sont devenues obsolètes ou inutiles dans la perspective d'un changement de « modèle ». Mais il est parfaitement clair que, depuis dix ou quinze ans, les principales avancées sociales, environnementales et de la démocratie dans le monde ont été réalisées à la suite des pressions de la société civile sur les pouvoirs publics et économiques.

C'est à la société civile mondiale que l'on doit le développement de l'action humanitaire, la progression du droit au contrôle des naissances et du droit à vivre et à mourir dignement, certains progrès du droit à la gratuité de la santé et de l'éducation de base, certaines avancées des droits de l'homme dans les pays en développement et dans les autres, mais aussi des droits des femmes dans le monde. Et l'essentiel du combat pour l'environnement est le fait d'associations et d'organisations non gouvernementales, de même que

1. Thomas Coutrot en précise les contours, les caractéristiques et le rôle dans *Jalons vers un monde possible*, Le bord de l'eau, 2010.

l'action pour le contrôle des pratiques sociales douteuses des firmes globales. Quant aux syndicats, ils ont poursuivi, dans des conditions nationales diverses, leur action en faveur du « travail décent ». Ils s'ouvrent aux exigences d'un développement soutenable. Ils ne sont pas insensibles aux dégâts du productivisme, notamment à ses dégâts humains et sociaux.

La société civile a obtenu d'autres résultats mondiaux, parmi lesquels on peut retenir l'exemple de son combat victorieux, à la fin des années 1990, contre le calamiteux accord multilatéral sur l'investissement (AMI). Et si un jour, prochain peut-être, une vraie taxation des transactions financières est décidée, on le devra d'abord à Attac et à quelques autres. De même, si des politiques ambitieuses du climat, de l'eau, de la biodiversité et de la préservation des forêts voient le jour, ce sera largement dû aux mobilisations des ONG écologistes.

Qui, dans votre région ou sur votre territoire, met ces questions d'avenir en débat, fait signer des pétitions, organise des projections de films ou des pièces de théâtre qui font réfléchir aux enjeux hors de la pensée unique et du dogme de la-croissance-qui-va-tout-régler ? Les partis politiques ? Parfois. Rarement. Trop souvent, il faut les bousculer et les faire sortir de leurs enjeux électoraux, préélectoraux et post-électoraux pour avancer avec eux, ce qui est pourtant nécessaire.

Il y a eu aussi des progrès importants – c'est décisif pour l'avenir – dans la coordination et la convergence de ces diverses organisations et de leurs actions. Exemple parmi des dizaines : le collectif Fair[2], que je coanime, a organisé en 2009 au Conseil économique

2. Forum pour d'autres indicateurs de richesse.

et social une journée de grande audience, et plus tard une conférence de presse, sur la question des repères et indicateurs de progrès « au-delà du PIB ». S'y sont à chaque fois exprimés, en des termes convergents, plusieurs centrales syndicales et des ONG écologistes, ainsi que des représentants de collectivités locales. Cela aurait été impensable il y a seulement quelques années. Autre exemple : la campagne nationale lancée en octobre 2008, « Les agrocarburants, ça nourrit pas son monde », a réuni vingt-huit organisations de solidarité nationale et internationale, écologistes ou altermondialistes, avec des partenaires de pays du Sud. Il en va de même de la campagne de 2009 « Stop paradis fiscaux », avec dans ce cas de nombreux syndicats.

Les sondages ont leurs limites, leur interprétation est souvent ambiguë, mais ils indiquent systématiquement et massivement que les Français, tout comme les Européens, font très largement confiance aux associations et aux « initiatives des citoyens » (respectivement à 68 % et 65 % en France dans un sondage 2009 de CSA) pour « agir efficacement face aux difficultés provoquées par la crise ». Les partis politiques, bons derniers, ne recueillent que 38 %. Cette confiance n'est sans doute pas sans rapport avec la force remarquable des valeurs égalitaires, pourtant mises à mal dans les faits et dans les politiques depuis trente ans. L'inquiétude des Français est particulièrement vive sur ce plan. Dans un sondage publié par *Télérama* en janvier 2007, 80 % d'entre eux estimaient l'égalité menacée, contre 69 % pour la fraternité et 59 % pour la liberté. Or, ce sont bel et bien les organisations de la société civile qui sont en pointe dans les combats multiples pour l'égalité des droits effectifs au bien-vivre.

L'économie sociale et solidaire, pilier à conforter

Ce qu'on appelle souvent l'économie sociale et solidaire (ESS) est une nébuleuse complexe, riche et pauvre à la fois, mais dont le potentiel doit être examiné ici sous l'angle de ses capacités à résister au « libéral-croissancisme » et à montrer l'exemple d'innovations alternatives. C'est en premier lieu le monde des associations, mais aussi celui des mutuelles, coopératives, fondations, ou parfois d'autres formes de statuts. Cet ensemble n'est pas sans rapport avec le monde précédent des réseaux de la « société civile », mais il est toutefois différent.

Il faut alors distinguer deux choses. D'une part, les valeurs et les principes fondateurs. D'autre part, les pratiques. S'agissant des valeurs, le compte est plutôt bon. Des principes démocratiques de gestion interne tels qu'« une personne, une voix » dans les coopératives. Un principe de non-lucrativité ou de lucrativité très réduite, qui interdit par exemple le diktat de la performance financière, vu la rémunération faible ou nulle du capital. Des excédents mis partiellement en réserve impartageable, ce qui favorise pérennité et vision de long terme. Ces principes démocratiques favorisent des échelles de salaires bien moins inégalitaires qu'ailleurs.

Mais surtout, au-delà de ces règles internes, il faut mentionner des objectifs statutaires de finalités sociales et collectives qui privilégient ce qu'on appelle parfois l'utilité sociale et non le consumérisme, avec souvent une exigence de participation active des membres et des bénéficiaires de ces activités. Ajoutons la présence inégale, mais globalement importante, de bénévoles : 14 millions en France. Et, autre aspect positif, un développement avec et pour les territoires, jouant le plus souvent sur la proximité et les liens directs, auquel il faut ajouter un potentiel d'innovation et d'entrepreneuriat alternatif.

On ne peut qu'être impressionné par la liste, pourtant loin d'être exhaustive, des domaines d'intervention de ces organisations : « Consommation responsable et commerce équitable, agriculture paysanne et produits bio, services aux personnes âgées et petite enfance, insertion par l'activité économique, valorisation du patrimoine, accès à la santé, logement social et solidaire, monnaies complémentaires et circuits courts, écoconstruction et coopératives d'habitants, solidarité internationale et tourisme solidaire, épargne et finance solidaire, coopératives d'activités et d'emploi, recycleries et ressourceries, covoiturage et aide à la mobilité, Internet coopératif et logiciels libres, associations et lieux culturels[3]. » Une telle liste est manifestement en phase avec les objectifs mis en avant dans ce livre.

L'ESS représente entre 7 et 13 % des établissements et des emplois selon les régions, 10 % des emplois en France. L'emploi salarié de l'ESS a progressé de 17 % entre 2000 et 2008, soit 328 000 emplois ajoutés.

Toutes ces caractéristiques sont éminemment favorables à un projet de société du bien-vivre, débarrassé de la logique de l'accumulation incessante et de la croissance de n'importe quoi pourvu que cela rapporte des profits. Mais, quand on passe des principes aux pratiques, il faut mettre des bémols, sans pour autant annuler les constats précédents.

3. Le labo de l'ESS, *Cinquante propositions pour changer de cap*, 2010.

Limites actuelles de l'ESS

D'abord, l'ESS vit dans un environnement souvent hostile, en tout cas de la part des grandes entreprises privées et des ultralibéraux au pouvoir en France et à la Commission européenne. Elle est actuellement menacée de toute part. Elle partage ce sort avec la plupart des services publics. Des directives européennes et des circulaires françaises en cours visent à en réduire l'influence dans l'économie, pour ne laisser subsister que sa fraction plus ou moins caritative. Les financements publics se tarissent. De grandes associations d'aide à domicile ou de formation mettent la clé sous la porte. La logique de la mise en concurrence par les prix les plus bas ne leur permet pas de valoriser leurs apports sociétaux multiples, ceux qui ne se mesurent pas en euros. Cette même logique réduit ou annule leurs financements pérennes. Tout cela s'est aggravé en France au cours des dernières années.

Ensuite, l'ESS subit une autre influence néfaste au regard de ses valeurs, celle de la contagion des logiques d'entreprises capitalistes et de leurs marchés. Des dérives sont apparues par exemple dans de grandes mutuelles ou banques coopératives, prises au jeu pervers de la spéculation financière et abandonnant de fait toute gestion coopérative ou mutualiste.

Les valeurs démocratiques sont parfois mises à mal par des dirigeants ou des technocraties qui, à défaut de rechercher des bénéfices monétaires, confisquent le pouvoir. Il y a peu de femmes parmi les dirigeants (plus toutefois que dans les grandes entreprises capitalistes). Et la situation de forte dépendance financière de certaines associations vis-à-vis de pouvoirs publics qui les considèrent parfois comme des sous-traitants ordinaires ne favorise pas l'accomplissement de leurs missions d'intérêt général. Il existe beaucoup d'emplois atypiques parmi les salariés.

Enfin, dernier bémol et non des moindres, la capacité de mobilisation collective des organisations de l'ESS, y compris celles qui portent haut et fort des valeurs de solidarité et agissent au quotidien en ce sens, est d'une grande faiblesse, à de rares exceptions près. L'atomisation n'est pas la seule explication. Il existe des traits culturels qui freinent, des dérives gestionnaires qui rendent apathiques[4]. J'attends le moment où les associations, leurs membres et leurs réseaux descendront dans la rue par dizaines de milliers pour se défendre collectivement et pour proposer leurs solutions. Ce n'est certes pas la seule forme d'action, mais, pour prendre conscience de sa force, il n'existe rien de mieux. Les pétitions et le lobbying ont leurs limites.

Cela dit, on constate, avec la crise, une tendance à ce que des acteurs de l'ESS se présentent, plus qu'avant, comme une force de transformation et de « changement de cap », pour reprendre les termes des remarquables *Cinquante propositions* du labo de l'ESS, présidé par Claude Alphandéry. On peut penser que cette inflexion ne fait que commencer. L'ESS pourrait être un acteur majeur, sinon « l'acteur pivot » d'une bifurcation, comme l'écrivent les « militants » du labo de l'ESS, si elle parvient à revivifier ses valeurs. Alors que presque tout entre en crise, elle pourrait démontrer que ses pratiques démocratiques constituent des alternatives anticrise susceptibles de faire tache d'huile.

4. Jean-Louis Laville, *Politique de l'association*, Seuil, 2010, chap. 6.

Les services publics, autre pilier, dans certaines conditions

Que l'ESS et les services publics soient simultanément la cible du libéral-croissancisme signifie que ces activités représentent, aux yeux des acteurs dominants du capitalisme, d'une part des sphères économiques à mettre sous leur coupe et sous celle des marchés, et, d'autre part, des domaines de résistance à faire tomber. L'intérêt général et la définition de besoins collectifs, qui sont les grands principes des services publics, ne font pas bon ménage avec ceux des actionnaires. Qu'un service public puisse faire autant ou plus pour des gens à faibles revenus que pour les riches est incompatible avec la notion d'équilibre concurrentiel promue, tel un catéchisme, par les économistes orthodoxes.

Cela dit, l'histoire des services publics est riche en épisodes où leurs dirigeants et cadres supérieurs ont confondu les besoins de la population avec une vision typiquement croissanciste et techno-scientifique du progrès. On ne va évidemment pas leur reprocher d'avoir étendu les réseaux téléphoniques et postaux, et bien d'autres réseaux socialement et écologiquement utiles. Mais le tout-nucléaire, au départ, c'est eux, ainsi que le tout-TGV contre les réseaux de transport de proximité et contre le fret. Les services publics français sont à la fois victimes du néolibéralisme en Europe et chez nous, et victimes de l'absence de démocratie dans leurs stratégies de développement.

Pourtant, on a de bonnes raisons de les défendre et de vouloir les démocratiser. Sur le plan écologique, afin qu'ils investissent – eux seuls en sont vraiment capables – dans les infrastructures « vertes » de l'avenir, et sur le plan social, parce qu'il est possible d'y faire prévaloir des principes d'égalité d'accès à des services constitutifs d'une citoyenneté moderne. Dans la santé, l'éducation, la justice, les transports, l'énergie et bien d'autres. Et il nous faudrait d'ailleurs de nouveaux services publics liés au monde associatif, via des coopérations pérennes et équilibrées, pour la petite enfance, les personnes âgées, les personnes handicapées, etc. Il n'existe peut-être pas de meilleur éloge des « performances » des services publics que ce titre d'une très sérieuse étude statistique de l'Insee : « Les services publics de santé, éducation et logement contribuent deux fois plus que les transferts monétaires à la réduction des inégalités de niveau de vie[5] ». Ce qui nous conduit, plus généralement, à faire un autre éloge : celui de la gratuité.

Acteurs de la gratuité, des monnaies complémentaires, etc.

Les plus importants en nombre des « militants » de la gratuité des échanges sont tout simplement les bénévoles associatifs, lorsqu'il est clair que leurs actes se fondent d'abord sur la réciprocité et sur le don de temps et de qualités diverses, ce qui n'interdit pas qu'ils y trouvent une forme désintéressée d'intérêt personnel. Des innovations institutionnelles pourraient démultiplier le nombre des bénévoles actifs, par exemple en créant un contrat de travail mixte (encourageant le fait de consacrer 10 à 20 % de son temps de travail à du bénévolat associatif incluant une formation), tel que le préconise Michel Martin, l'un des commentateurs les plus fidèles de mon blog[6].

Mais la sphère de la gratuité organisée et militante concerne plus particulièrement les activités

5. *France, portrait social*, édition 2008.

6. http://solidariteliberale.hautetfort.com/archive/2005/04/29/le-contrat-de-travail-mixte-co.html

du logiciel libre, du partage des savoirs, des réseaux d'entraide, et potentiellement quelques autres, souvent dans des services de proximité. Une société solidaire post-croissance a besoin des valeurs associées à la gratuité et à la réciprocité, et pas seulement du développement lui aussi indispensable des « services non marchands », qui sont en effet gratuits pour les usagers dans certains cas (de plus en plus rares, il suffit de penser à la santé et au coût des études), mais qui relèvent de la sphère monétaire et du salariat. Il serait socialement et écologiquement bénéfique de rendre gratuit l'usage de certains biens « précieux » (comme l'eau ou l'électricité) en deçà d'un seuil de consommation sobre, et de renchérir fortement cet usage au-delà.

On pourrait aussi favoriser par des décisions politiques des monnaies régionales déconnectées des monnaies centrales, et les utiliser comme unités de compte d'échanges de biens et de services. Ce mouvement important est en cours. Il peut faire partie des stratégies de sortie de crise, des leviers de relocalisation, et des moyens permettant à la monnaie de retrouver une fonction de lien social largement perdue[7]. Il est parfaitement compatible avec les projets d'une monnaie mondiale fiable.

Alliés politiques et institutionnels

On ne peut pas dire que le monde politique français soit très sensible aux critiques d'un « croissancisme »

---

7. Voir les quelques pages consacrées à ces monnaies dans *Le Temps de la décroissance*, de Serge Latouche et Didier Harpagès, éditions Thierry Magnier, 2010. Les écrits de Bernard Lietaer sur les monnaies régionales constituent une grande référence ; voir : http://www.journaldumauss.net/spip.php?article675

presque aussi présent à droite qu'à gauche jusqu'à une période récente. Mais, au moins à gauche, les choses évoluent. Depuis un à deux ans, des avocats reconnus de la décroissance sont invités à s'exprimer par des instances des partis de gauche : c'est sans doute le signe d'une attente d'idées neuves. La remise en cause de « notre modèle de développement » reste plus de l'ordre du discours que des actes, mais il ne faut pas la négliger. C'est souvent plus facile aujourd'hui à l'échelle des territoires et des régions. Mais on peut viser la contagion par le contournement puis l'isolement des productivistes obstinés. À nouveau, la crise – on devrait dire les crises – peut provoquer des inflexions, puis de vrais changements des cadres de pensée.

À l'échelle internationale, certaines institutions sont précieuses. Malheureusement, ce ne sont pas elles qui dominent. Ce sont plutôt le FMI, la Banque mondiale, l'Organisation mondiale du commerce (OMC) jusqu'à une période récente, la Commission européenne et le G20. L'OMC ignore superbement les recommandations de l'Organisation internationale du travail (OIT) ou du Programme des Nations unies pour l'environnement (Pnue), le G20 prend abusivement la place des Nations unies et ne fait rien de sérieux contre la finance folle. Mais des convergences sont possibles avec les institutions « progressistes » qui sont allées le plus loin dans l'opposition au libéral-croissancisme et au « consensus de Washington » qui en est l'expression. Notamment le Pnud, l'OIT, l'Unicef (pour l'enfance), etc. Ce sont, comme par hasard, des organisations onusiennes. L'idée que le « développement humain » n'est pas assimilable à la croissance du PIB par habitant et que des indicateurs alternatifs sont bien plus importants que la croissance a progressé dans le monde, et plus encore dans les pays dits en développement, sous l'égide du Pnud, qui a popularisé dans ses rapports bien d'autres exigences « altermondialistes ». Il en va de même pour le combat de l'OIT en faveur du travail décent dans le monde.

Le relais des initiatives citoyennes par de grandes institutions existantes (on peut penser en France au Conseil économique, social et environnemental et à ses homologues régionaux) ou à créer et par les formations politiques est une condition *sine qua non* de succès d'une transition post-croissance. Le local et l'informel, essentiels pour que les esprits et les pratiques évoluent, ont leurs limites en termes de débouchés, c'est-à-dire de nouvelles règles du jeu *s'imposant à tous*. Ainsi que l'écrit Susan George, « la faim dans le monde est provoquée par une instabilité des prix imprévisible, et qui n'a pas grand-chose à voir, ou rien du tout, avec les conditions locales ». Il faut une « authentique solution globale à cette calamité ». C'est vrai pour tous les grands enjeux évoqués dans ce livre.

La convergence est possible, du local à l'international, pour sortir d'une crise systémique qui sera probablement longue, entre les mille réseaux de la société civile, les mille initiatives de l'ESS, les valeurs de service public, de biens communs, de gratuité et de réciprocité, et des institutions et partis politiques ouverts à ces acteurs et à ces valeurs. Tous ces piliers de la démocratie sont nécessaires, à condition de les démocratiser. On pourrait alors parvenir à une plateforme d'idées et de projets alternatifs au libéral-croissancisme, dont les citoyens devraient se mêler au quotidien.

CHAPITRE 3
DANS L'IMMÉDIAT : LES RESSOURCES EXISTENT !

S'il est légitime et nécessaire de s'interroger sur l'avenir à long terme du « système », il est non moins indispensable de trouver à court et à moyen terme, sans croissance, d'importantes ressources financières pour faire face aux grandes urgences : chômage, dette publique, pauvreté, retraites et protection sociale, investissements dans la durabilité. La grande bifurcation proposée dans ce livre commence là.

Or, dans l'immédiat, la solution la plus réaliste et la plus efficace est de prendre l'argent où il se trouve, par dizaines de milliards, du côté des privilèges de la ploutocratie, du pouvoir exorbitant de la finance, des profits non ou mal réinvestis et des injustices fiscales croissantes. C'est possible, sans toucher aux revenus de la grande majorité. L'idée selon laquelle « il n'y a pas de cagnotte cachée » doit être dénoncée, d'autant qu'il ne s'agit pas d'une petite cagnotte mais de ressources énormes.

On trouve, dans le numéro d'octobre 2009 du magazine *Alternatives Économiques*, un calcul simple. La débauche de cadeaux fiscaux (dont les plus riches ont bénéficié en priorité) opérée entre 2000 et 2010 représente une perte annuelle de ressources publiques de 82 milliards d'euros (les recettes de l'État sont passées de 18,3 % à 14,1 % du PIB !). Et, ajoute l'auteur, Guillaume Duval, « contrairement à une idée répandue, cette chute est très loin d'être compensée par la montée des impôts locaux : la recette de ces taxes, par ailleurs très injustes car non progressives, n'a augmenté dans le même temps que de 4,6 % à 5 % du PIB ». La principale explication de la dette publique se trouve dans la politique délibérée de réduction de la part des recettes fiscales dans la richesse économique nationale.

Parmi les modalités de cette politique, on trouve les niches fiscales, sport national qui n'a pas attendu les années 1990 pour être pratiqué, le plus souvent à l'avantage des plus riches. Nombre de niches : 509 (dont 200 concernent des dérogations au seul impôt sur le revenu, qui perd ainsi 39 milliards de recettes en 2008). Montant total des « pertes » publiques : 73 milliards d'euros par an[1]. Certaines de ces niches sont des déductions justifiables au nom de l'intérêt général. La plupart, non. C'est sans doute pour cela que leur « efficacité » n'est jamais évaluée, alors que fleurit le discours sur l'exigence d'évaluation de toutes les actions publiques... Mais le montant de 73 milliards est nettement sous-estimé dans la mesure où, avec le temps, nombre de cadeaux fiscaux ont fini par ne plus être considérés officiellement comme des niches. Le journal en ligne *Agoravox*, dans un article du 12 avril 2010 intitulé « Le bouclier qui cache la forêt des niches », estime, en s'appuyant sur le rapport 2010 de la Cour des comptes, qu'il en existe une bonne centaine en plus des « niches officielles ». Au total, les niches fiscales au sens large correspondraient à une perte de recettes de... 146 milliards d'euros en 2008, soit 7 % du PIB !

1. Voir : http://fr.wikipedia.org/wiki/Niche_fiscale

Les calculs précédents n'intègrent pas les pertes de ressources de la Sécurité sociale liées aux réductions, suppressions ou abattements de cotisations sociales décidés depuis les années 1990, prétendument au nom de l'emploi. Or, les évaluations existantes de leur impact sur l'emploi sont pour la plupart décevantes ou négatives (avec quelques exceptions), en raison de l'importance des « effets d'aubaine ». Leur montant est lui aussi énorme : 33 milliards d'euros de pertes de recettes par an (chiffre pour 2008). On pourrait en récupérer la moitié et faire bien mieux pour l'emploi. Le coût d'un salaire annuel moyen en France est de l'ordre de 40 000 euros (à temps complet). 16 milliards équivalent donc au coût salarial de 400 000 emplois. Certes, le financement d'un poste est supérieur à celui d'un salaire, mais quand même.

Mais on peut aller plus loin que cette comparaison entre la situation actuelle et celle de 1999 (pour la fiscalité) ou celle des années 1990 (pour les cotisations sociales), car ces situations antérieures récentes étaient déjà marquées par d'innombrables avantages pour les plus riches et pour les entreprises (surtout les grandes), et par des pratiques douteuses ou illégales d'évasion fiscale et de fraude. La fraude fiscale coûterait, selon Éric Woerth lui-même, 30 milliards d'euros par an. L'évasion dans les paradis fiscaux représenterait entre 30 et 40 milliards d'euros par an. La frontière entre ces deux catégories est floue. Certes, il ne s'agit pas de sommes récupérables intégralement à court terme, mais une partie pourrait l'être.

Ce n'est pas tout, s'agissant des ressources auxquelles il faut penser. La France est au troisième rang mondial des dépenses militaires (après les États-Unis et la Chine) : le budget de la défense se monte à près de

50 milliards pour les seuls crédits de paiement. C'est 50 % de plus que l'Allemagne en dépenses par habitant. Faut-il se féliciter de notre médaille de bronze mondiale ? Serions-nous plus en danger que d'autres, ou plus soumis aux lobbies militaro-industriels ?

Ainsi, trouver très vite, sans invoquer la croissance, au moins 80 milliards d'euros de recettes publiques annuelles en plus (4 points de PIB), vu tout ce qui précède, ce n'est pas un problème économique[2]. C'est possible sans s'en prendre aux catégories populaires ni même aux « classes moyennes ». Elles seraient en fait les grandes bénéficiaires d'une telle redistribution. Elles ont été les victimes d'une politique fiscale de classe parfaitement illustrée par cet argument inouï de Christine Lagarde, ministre de l'Économie : « On entend souvent dire que cette mesure [le bouclier fiscal] ne concernerait que la partie la plus riche de la population, mais n'est-ce pas celle qui fait tourner l'économie[3] ? » Avec une telle représentation des contributions à l'économie, il ne reste plus qu'à dispenser les plus riches de tout impôt, au nom de l'intérêt général... Et l'on ne voit d'ailleurs pas pourquoi on ne dispenserait pas tous les autres d'aller travailler, puisque ce ne sont pas eux qui font « tourner l'économie » !

L'acceptabilité politique de telles mesures de sauvegarde, dans un contexte où la droite continue à diaboliser l'impôt comme si c'était une potion amère, dépend de la clarté des engagements. Il doit être clair

2. L'économiste Patrick Artus envisage quant à lui la somme de 100 milliards d'euros avec une méthode simple et radicale : faire « cotiser » les revenus du capital au même taux que ceux du travail. Voir : http://www.marianne2.fr/Taxe-sur-le-capital-d-ou-viennent-les-100-milliards-d-Artus_a193068.html
3. Citation rapportée par *Là-bas Hebdo* du 21 mars 2010.

que les recettes attendues viennent de l'abolition des privilèges fiscaux, des très hauts revenus, des bénéfices et rendements financiers hors normes, d'une taxe Tobin et de taxes écologiques justes et progressives que je n'ai pas évoquées ici. Et il doit être clair que ces recettes seront utilisées pour améliorer la vie de la grande majorité, dans une perspective durable. Le problème fiscal est d'abord celui de la justice fiscale et de la progressivité de l'impôt, très malmenées depuis trente ans.

Il n'y a pas que la redistribution

Utiliser la fiscalité, la cotisation et la dépense publique, c'est bien, c'est nécessaire, et c'est le plus efficace à court et à moyen terme, mais cela laisse de côté la distribution initiale des « revenus primaires », salaires et profits, avant intervention de l'impôt. Or, cette dernière est devenue de plus en plus injuste. On n'est plus ici dans le court et moyen terme que permet la taxation, mais dans le moyen/long terme du combat contre la « profitation ».

Le partage de la valeur ajoutée des entreprises privées a évolué en défaveur des salaires et en faveur des profits. Sans prendre une position argumentée et forcément très technique dans le débat (utile) entre ceux qui évoquent un recul de 10 ou 11 points de PIB et ceux qui disent qu'en France cette baisse est minime, je tendrais à suivre l'économiste Frédéric Lordon dans son estimation[4]. Il est réaliste de viser à « récupérer » (pour les salaires et pour la protection sociale correspondante) 4 à 5 points de PIB, soit 80 à 100 milliards d'euros. S'agissant des seuls dividendes et autres

---

4. *La Crise de trop*, Fayard, 2009, chapitre 4.

bénéfices distribués aux actionnaires, dont on aura du mal à justifier l'énormité au nom de la santé économique, d'autant qu'ils sont devenus d'importants véhicules de la spéculation financière, leur montant est passé de moins de 2 % du PIB en 1982 à 4 % en 2007 : un gain de plus de 40 milliards par an !

Il y a bel et bien des « trésors cachés », au sens de ressources économiques considérables dont on ne parle pas aux citoyens. Il faut en parler. Et, bien entendu, parler aussi des meilleurs usages à en faire.

CONCLUSION
SCÉNARIOS REDOUTABLES, SCÉNARIOS DÉSIRABLES

Il y a aujourd'hui beaucoup de raisons d'être pessimiste, mais peut-être autant de penser qu'une issue démocratique est possible.

Le pessimisme a tendance à nous envahir lorsque l'on constate la puissance politique et économique des acteurs du capitalisme de la croissance infinie, mais aussi leur influence idéologique et médiatique, car ces gens-là ne vendent pas que des produits, réels ou financiers, ils vendent leurs idées. Et comme ils savent aussi bien que Marx que les idées sont des forces matérielles, et aussi bien que Gramsci ce qu'est l'hégémonie culturelle, ils y mettent les moyens. Marketing et lobbying sont leurs armes de persuasion massive. Quand c'est possible, ils achètent les politiques. Le seul secteur financier a ainsi dépensé aux États-Unis cinq milliards de dollars de lobbying en une quinzaine d'années[1] pour obtenir des lois de dérégulation, dont la suppression du Glass-Steagall Act, qui imposait la séparation des banques d'affaires et des banques dites de dépôt. Somme énorme, mais investissement hautement rentable. Ainsi que l'exprimait un sénateur américain, ce sont ceux qui signent les chèques qui font les lois. Aujourd'hui, le lobbying anti-écologique monte en puissance, et il ne lésine pas sur les moyens, en invoquant sainte Croissance et sainte Compétitivité.

1. Susan George, *Leurs crises, nos solutions*, Albin Michel, 2010.

Conjurer l'apartheid écologique et ses guerres

Parmi les scénarios à hauts risques, le plus probable n'est pas celui de l'extinction de l'espèce humaine en cas d'emballement monstrueux de la machine climatique, même s'il faut garder en tête l'éventualité d'une « sortie de route[2] ». C'est celui que Benjamin Dessus, président de l'association Global Chance, nomme « l'arche de Noé de l'apartheid climatique[3] ». Paul Ariès évoque quant à lui « la politique des barbelés ». Confrontés à la marée humaine des réfugiés climatiques, des réfugiés de la pénurie d'eau et de terres, des réfugiés de la misère, les plus riches chercheraient, police et forces armées à l'appui, à se préserver un espace écologique de qualité là où c'est possible, en s'entourant de murs de toutes sortes.

Improbable ? Peut-être, sauf que cela existe déjà. Pas pour le climat, mais pour la sécurité. Or, ces deux questions vont être de plus en plus liées. La crise écologique, en multipliant les exclus et les affamés, produira une crise mondiale de la sécurité si elle n'est pas résolue. J'étais passé, il y a vingt ans, près de Sun City à Phoenix (Arizona), créée il y a quarante ans. C'était l'une des premières villes ceinturées, inaccessibles sauf en montrant patte blanche, terme ici approprié car il n'y avait pas de Noirs (pour être précis : 0,1 % en 2000). En tout 38 000 personnes (en 2000) dans l'enclos, avec tout ce qu'il faut pour vivre « décemment », golf compris, et de très hauts murs d'enceinte. Ce parfait modèle de ségrégation urbaine s'est étendu dans le monde sous le nom de *gated communities*, des villes ou quartiers dont l'accès est contrôlé et l'espace

2. Selon Patrick Viveret, *Pourquoi ça ne va pas plus mal ?*, Fayard, 2005.
3. *Cahiers français* n° 355, avril 2010.

public privatisé. Dix millions d'Américains y vivent. Des ghettos de riches à quelques encablures de ghettos de pauvres eux aussi presque inaccessibles, y compris à la police. L'espérance de vie dans les premiers dépasse d'environ vingt ans celle qui a cours dans les seconds[4] ! Un scénario de *gated communities* écologiques à grande échelle ne semble désormais plus impossible comme « solution mondiale » à la crise écologique et sociale, s'il n'est pas mis un terme au pouvoir de ceux que Susan George[5] nomme « la classe de Davos ».

Ce risque à conjurer est aussi celui de guerres écologiques et climatiques. Car les *gated communities*, actuelles ou à venir, ont une énorme empreinte écologique par habitant. Les privilégiés ne peuvent donc se contenter des ressources naturelles de leurs territoires de vie. Ils doivent aller les chercher chez les autres. Par le « commerce inéquitable » propulsé par l'OMC et les multinationales, par la corruption, et sinon par la force. Des guerres de ce type sont d'autant moins improbables qu'elles existent déjà. Susan George en propose une passionnante analyse dans son livre. Elle développe entre autres le cas de l'eau, mais on sait bien que l'invasion du Koweït puis celles de l'Irak et de l'Afghanistan n'avaient pas pour vrai motif la défense des droits humains, mais le pétrole et le gaz. Le culte de la croissance quantitative est pour beaucoup dans ces guerres. On invente n'importe quelle menace

4. Amartya Sen a fourni un chiffre sidérant : au milieu des années 1990, « dans le quartier noir de Harlem à New York, les hommes ont moins de chances d'atteindre l'âge de 40 ans que dans un Bangladesh affamé. Et cela en dépit du fait que, si l'on prend le revenu individuel, les habitants de Harlem sont beaucoup plus riches que ceux du Bangladesh ».

5. *Leurs crises, nos solutions*, *op. cit.*

pour « sécuriser » par la force l'approvisionnement des plus riches en ressources « stratégiques pour la croissance », localisées sur les territoires des plus pauvres.

Il est d'autant plus important d'avoir en tête la relation entre ressources naturelles et conflits armés (sans en faire une explication unique : les accords internationaux sur l'eau sont bien plus nombreux que les conflits correspondants) que cela fournit une partie de la solution. Réduire par exemple la dépendance vis-à-vis des énergies fossiles par une politique mondiale des énergies renouvelables et de la « sobriété énergétique » serait un facteur essentiel d'atténuation des conflits. Atténuation qui dégagerait à son tour d'énormes ressources financières pour une reconversion écologique riche en emplois et pour des programmes sociaux. Selon Joseph Stiglitz, les guerres du pétrole et du gaz menées en Irak et en Afghanistan pourraient coûter, entre 2003 et 2017, 3 000 milliards de dollars aux États-Unis. 200 milliards par an en moyenne, qui auraient pu être consacrés pour une large part à des investissements permettant de réduire fortement l'extrême dépendance de ce pays au pétrole, et pour une autre part à la protection sociale (Stiglitz écrivant que, « pour le prix d'un sixième de la guerre en Irak, nous aurions pu mettre en place un système de sécurité sociale viable pour les soixante-quinze ans à venir »). La force de frappe politique du complexe militaro-industriel et des lobbies pétroliers a interdit cette solution. Le programme de Barack Obama ne prévoit qu'environ 20 milliards de dollars par an pour les énergies renouvelables.

Socialiser la finance

À long terme, mais en commençant tout de suite, nous avons vu qu'une transformation radicale de la production, de la consommation et des modes de vie était nécessaire et possible pour sortir de la « crise de croissance » néolibérale. Comme objectif de moyen terme, la réduction des inégalités est une condition essentielle de réussite de cette réorientation. Mais, à court terme, l'urgence absolue est la reprise en main de la finance par les citoyens, au nom de la gestion collective d'un bien commun. Si cette condition n'est pas remplie, on ne pourra pas s'engager dans la reconversion économique, et l'on ne réduira pas les inégalités. Il faut désarmer les marchés financiers et leur ôter leur pouvoir de nuisance. Les décisions à prendre sont connues. Certaines reviennent simplement à annuler des mesures de dérégulation bancaire et financière décidées par les États depuis les années 1980, à interdire certains produits financiers, dont l'économie réelle se passerait fort bien, à taxer la spéculation et à réduire de façon drastique le rôle de la Bourse et des marchés financiers. Des gens très raisonnables préconisent de telles mesures, dont Adair Turner, le patron de la régulation bancaire britannique, estimant que la plus grande partie des activités des places financières est « socialement inutile » et souvent nuisible. D'autres mesures impliquent la démocratisation des banques, des encouragements à la finance solidaire et coopérative, etc.

Une « économie soutenable » débarrassée du culte de la croissance, associée à une maîtrise collective de la finance et à une nette réduction des inégalités, n'a rien à voir avec un simple verdissement du capitalisme financier, productiviste et inégalitaire encore aux commandes. Non seulement ce dernier ne nous sortira pas de la zone des tempêtes à répétition et de la crise écologique, mais il nous y enfoncera de plus en plus. Il existe une incompatibilité irréductible entre « l'exubérance irrationnelle des marchés », qui se mettent en 2010 à spéculer sur les États, mais aussi sur les matières premières, et l'exigence écologique d'anticipation, voire de planification à très long terme[6]. Et les inégalités nationales et mondiales ne régresseront pas tant que la globalisation financière – qui est à l'origine de l'explosion de ces inégalités depuis plus de vingt ans – mènera l'économie mondiale.

Verdir le capitalisme financier permettrait sans aucun doute à un segment des entreprises de réaliser des profits élevés sur des marchés émergents. Mais cela laisserait de côté la majeure partie de l'humanité et de la production mondiale. Or, on ne sortira pas de la crise actuelle et de celles qui se profilent sans une coordination mondiale des efforts et sans que tous les pays et tous les secteurs n'accèdent à un modèle alternatif.

Des raisons d'espérer et d'agir

À l'opposé de la finance folle, de l'apartheid mondial et de ses guerres, à l'opposé du capitalisme vert, d'autres voies se profilent. Nous l'avons vu dans la dernière partie, des acteurs s'organisent solidairement, produisent sur un mode coopératif, participent à des échanges fondés sur la gratuité et la réciprocité ou sur des monnaies complémentaires, militent pour l'égalité des droits de bien-vivre, pour de vrais services publics et des biens communs, pour contraindre l'égoïsme, contre le culte délétère de la croissance matérielle. Leur situation actuelle est loin d'être idéale, mais ils peuvent nouer des alliances, en

---

6. Perret Bernard, *Le capitalisme est-il durable ?*, Carnets Nord, 2008.

particulier sur les territoires puis au-delà, avec des réseaux de PME et d'indépendants qui sont aujourd'hui souvent des victimes de l'ultracapitalisme et de ses marchés financiers, avec des élus convaincus, des syndicats, etc. Ils peuvent trouver des alliés dans de grandes institutions nationales et internationales. Leurs sensibilités et priorités sont diverses, mais c'est très bien ainsi : vive la « biodiversité des idées » lorsque ces idées s'opposent au conservatisme, à la jungle des marchés et au productivisme !

La crise, si douloureuse soit-elle pour beaucoup, attire l'attention sur ces idées et ces alternatives. Il n'existe pas d'autre issue que l'action collective coordonnée de toutes ces composantes de la société civile mondiale, qui placent au premier plan, du local à l'international, la solidarité et la justice, la démocratie et le souci de la préservation des multiples patrimoines naturels et sociaux[7] d'une bonne société. Cela fait beaucoup de monde, et beaucoup de forces militantes, et il faut encourager partout leur... croissance et leur convergence. À vrai dire, les analyses et propositions de ce livre sont secondaires au regard de ce que cette démocratie citoyenne active[8] pourrait produire comme idées et exigences. Elles peuvent au mieux ajouter quelques grains de sable à verser au débat et aux actions. Ainsi que l'écrit Susan George, « nous avons le nombre (donc aussi les bulletins de vote), nous

7. Thème développé notamment par Dominique Méda dans de nombreux écrits, dont son livre *Au-delà du PIB*, Flammarion, « Champs », 2008 (édition révisée de son ouvrage de 1999, *Qu'est-ce que la richesse ?*, Aubier).

8. Dans son livre précédemment cité, *Jalons vers un monde possible*, Thomas Coutrot fournit des pistes concrètes pour faire de la démocratie le grand levier des changements nécessaires, bien au-delà de l'indispensable démocratie représentative.

avons aussi l'imagination, les idées, les propositions rationnelles ainsi que la plupart des compétences et des connaissances scientifiques ; nous appartenons à une multitude bigarrée d'organisations formelles et informelles qui luttent pour changer les choses... Collectivement, nous avons même de l'argent. Ce qui nous manque, c'est l'unité et l'organisation de l'adversaire, et, trop souvent, la conscience de notre puissance potentielle ».

POSTFACE DE LA NOUVELLE ÉDITION PAR JEAN GADREY

Quelques questions sur la post-croissance

Ce livre, écrit au printemps 2010 et publié en octobre de la même année, a été maintes fois soumis à la question, lors de débats publics ou via des échanges écrits, des interviews ou des émissions de radio. L'occasion m'est offerte, pour sa deuxième édition, en janvier 2012, de rassembler quelques-unes de ces questions/réponses. Certaines relèvent de la catégorie des compléments d'analyse sur des thèmes non ou peu développés dans le livre : le potentiel de l'écologie industrielle, le livre de Tim Jackson *Prospérité sans croissance* (De Boeck, 2010), la dette écologique. D'autres concernent la transition vers une société post-croissance, dans les dix ou vingt années à venir.

Pourquoi refuser « l'économie verte » telle que la défendent ceux qui mettent en avant le potentiel de l'écologie industrielle ou de l'économie de fonctionnalité ?

C'est une question que me posent des personnes intéressées par l'éventualité de produire des biens recyclables, économes en ressources et en énergie, utilisés de façon partagée, etc., et qui se demandent si la principale solution à la crise écologique ne résiderait pas dans de telles innovations. J'admets avoir peu évoqué ces pistes jusqu'ici.

Ce que je conteste dans mon livre, c'est la possibilité d'une croissance verte, d'une croissance supposée compatible avec le retour à une pression écologique acceptable. Je ne conteste pas le recours à ces progrès techniques indéniables qui visent à découpler les quantités produites et la consommation de matières et d'énergie : écoconception, recyclage, réparation, réutilisation, etc. En revanche, je suis convaincu qu'à eux seuls ils ne permettent de parcourir qu'une *petite partie* du chemin vers une société soutenable. *Ils ne sauraient être des substituts à l'exigence d'en finir avec la croissance.* J'en ai débattu par exemple en mars 2011 avec Guillaume Duval, rédacteur en chef d'*Alternatives Économiques*, devant 350 personnes au conseil régional du Nord-Pas-de-Calais. Guillaume Duval a écrit un article sur l'économie verte dans le numéro d'avril 2011 du magazine. Il y met en avant à juste titre ces techniques de production et d'usage plus écologiques.

Mon argument est simple : sans sobriété matérielle et sans relocalisation partielle, ces progrès seront largement insuffisants pour atteindre les objectifs qui s'imposent. En effet, ces arguments éco-industriels, souvent mis en avant pour nous convaincre que la croissance reste possible, s'appliquent essentiellement aux biens issus de l'industrie manufacturière, et même pour l'essentiel aux biens durables, lesquels ne représentent que 8 % de la valeur de la consommation des ménages. On évacue la grande question de la différence entre l'utile et le futile, et donc la délibération sur des besoins raisonnables et durables, sur les gaspillages de toutes sortes. Cette pensée industrielle ne nous aide guère à traiter les problèmes du gâchis alimentaire (20 % des aliments sont jetés en France, 40 % aux États-Unis), de l'influence néfaste de la publicité, de la fabrication de faux besoins selon la filière inversée de Galbraith (voir mon livre), des consommations ostentatoires. On pourra produire des biens de luxe et des résidences de 400 m^2 avec moins de matières et d'énergie, il s'agira toujours de formes de gaspillage de ressources rares.

Ce qu'on appelle « l'effet rebond » existe bel et bien : une partie des consommateurs, sous l'influence des dispositifs du marketing, de la publicité et autres systèmes de « pousse-aux-achats », profite, si l'on peut dire, de l'amélioration des performances écologiques de certains produits pour ne pas réduire, voire pour augmenter, les usages, les kilomètres parcourus, etc. Or, le rythme du découplage via les techniques d'écologie industrielle (ou de « l'économie circulaire ») est et sera bien inférieur au rythme de réduction nécessaire de nos émissions (4 à 5 % par an, et plus selon Tim Jackson) et de notre empreinte écologique. C'est pour cette raison, entre autres, qu'il faut en finir avec la croissance.

Il en va de même de l'économie de fonctionnalité, qui vise à ce que des biens (durables, là encore) tels que les voitures ou les photocopieurs soient en usage partagé ou en location afin de réduire le nombre d'utilisateurs par machine ou appareil. C'est évidemment très souhaitable, mais, sans sobriété, sans réduction du nombre de kilomètres parcourus ou de photocopies effectuées, les économies de ressources seront très loin d'être à la hauteur des exigences. On a des imprimantes partagées, mais on continue à imprimer toujours plus. On ne peut pas faire d'économie de fonctionnalité pour la plupart des services (les trois quarts de l'économie), parce que ce ne sont pas des biens dont l'usage peut être multiplié sans que la qualité en soit affectée. Ni pour les biens alimentaires, dont on voit mal comment les louer... Et plus généralement, sans relocalisation substantielle, les transports à longue distance resteront très longtemps insoutenables, quels que soient les progrès techniques.

Enfin, si l'on fait la liste des grands enjeux écologiques, on y trouve la question du nucléaire, des OGM, des agrocarburants, des gaz de schiste... Or, sur ces débats, l'écologie industrielle et l'économie de fonctionnalité apportent peu d'éléments pour établir des choix, car ces derniers sont d'abord sociaux et éthiques, hors de la logique technique de production et d'usage des biens. Ces outils, par exemple, ne nous aident pas pour décider s'il faut combattre, comme je le crois, la construction de l'aéroport de Notre-Dame-des-Landes, près de Nantes.

Il faut donc coupler ces innovations techniques nécessaires, mais dont l'impact est très limité, et une forte remise en cause du « complexe consuméro-industriel globalisé » et de ses institutions qui poussent à la fois au productivisme, au consommer plus, et à l'extension spatiale de la production et du commerce. Et de ces deux facteurs, c'est de loin le second qui est le plus important.

Votre livre défend-il les mêmes idées que celui de Tim Jackson, *Prospérité sans croissance*?

Il existe de fortes proximités, et je recommande volontiers ce livre, qui a eu une grande influence, y compris pour persuader des non-convaincus de quitter la voie de la croissance. Il contient notamment des arguments forts en faveur d'un « adieu à la croissance » sans regrets. Mais je m'en écarte plus ou moins sur certains thèmes. D'abord, sur le rôle de la démocratie, pratiquement ignoré dans l'ouvrage de Tim Jackson, qui est à mes yeux un livre d'expert économiste, en dépit de la culture philosophique de l'auteur. Écologiste convaincu, certes, mais guère orienté vers la démocratie économique : d'ailleurs, le mot « démocratie » ne figure pas dans l'index, pourtant très complet, de son livre. Cela limite un peu la crédibilité politique d'un projet qui néglige le rôle, moteur selon moi, de la société civile et de ses organisations, du local à l'international, dans un contexte où la démocratie représentative et surtout les sommets des États cèdent très souvent aux pressions de la ploutocratie.

Ce livre est également un peu trop économiste à mon goût lorsqu'il insiste sur l'importance d'une autre macroéconomie, certes renouvelée pour intégrer les contraintes environnementales, mais où « les variables macroéconomiques fondamentales demeureront pertinentes » (p. 145). Je n'en crois rien. Les concepts macroéconomiques de croissance et de productivité, entre autres, ou celui de « fonction de production », vont selon moi connaître des rendements intellectuels décroissants. Ils ont fait leur temps. Ils restent attachés au régime fordiste (voir sur mon blog le billet du 5 mars 2009 : « Cessons de penser croissance et productivité »). Une autre planification, plus participative, peut et doit les relativiser puis les abandonner, au bénéfice d'autres indicateurs de richesse, de « progrès » ou de « performances ». Y compris pour des prospectives de l'emploi utile.

Un peu trop économiste aussi est la brève allusion (p. 178-179) à de nouveaux indicateurs « macro » tels que les PIB verts (l'indice de bien-être économique durable, dont Tim Jackson a été l'un des promoteurs dans les années 1990) ou l'épargne nette ajustée de la Banque mondiale. Autant d'outils qui restent prisonniers des méthodes des comptes nationaux en monnaie et dont mes amis de Fair (Forum pour d'autres indicateurs de richesse) et moi-même avons souvent dénoncé les incohérences au regard même de l'impératif d'une « soutenabilité forte » dont Tim Jackson se revendique[1].

Trop économiste également, et pas assez social, est l'accent mis sur une « réforme fiscale pour la durabilité » (p. 174) fondée sur des taxes environnementales, sans que soit jamais évoquée la grande question conditionnant l'acceptabilité populaire ou le rejet massif : ces taxes seront-elles ou non nettement plus pesantes pour les plus modestes, en proportion de leurs ressources, et comment introduire, dans ce domaine aussi, une progressivité aussi forte que possible ? Curieusement, certains économistes écologistes pourtant sensibles à la nécessité de réduire les inégalités, ce qui est le cas de Tim Jackson, font comme si cette exigence devait être traitée *à côté* des exigences écologiques, et non pas à l'intérieur, en termes de justice sociale dans les contributions et rétributions associées aux politiques environnementales. Quant à son idée de compenser l'alourdissement de la fiscalité sur l'environnement par un allégement de celle qui « pèse » sur le travail, peut-être aura-t-elle un jour de vraies justifications, mais pour la période à venir, et compte tenu des besoins sociaux insatisfaits de protection sociale de qualité, j'y vois un risque majeur, et

1. Voir « La richesse autrement », hors-série d'*Alternatives Économiques*, février 2011.

une concession inopportune et injustifiée à l'idéologie du travail trop cher, alors que presque partout la part des salaires directs et indirects dans la valeur ajoutée a plongé au cours des dernières décennies.

Cela m'amène à un autre développement qui me semble conceptuellement conservateur chez Tim Jackson. Il s'agit de sa vision de l'investissement. Tim Jackson met en avant (chapitre 11, notamment) une priorité absolue à « l'investissement écologique », en s'intéressant relativement peu aux investissements humains et sociaux indispensables. Il en reste largement à une vision « hard » de l'investissement : technologies, infrastructures, logement… L'investissement, au sens de la comptabilité nationale, c'est en effet l'augmentation du stock de capital économique des entreprises et des organisations par l'acquisition de biens de production durables (ou de logiciels, ajoutés plus récemment). C'est donc essentiellement de l'investissement matériel, et cela n'a pas grand-chose à voir avec *l'investissement comme ensemble des dépenses qui visent à améliorer le bien-vivre futur*. Ces dernières incluent nombre d'« investissements doux » dans le développement humain et social, bien au-delà des investissements durs en capital fixe. Une nouvelle fois, on peut douter qu'une société soutenable puisse être pensée avec les catégories économiques anciennes. Reconsidérer la richesse implique de réexaminer toutes les catégories « macro », y compris celle d'investissement.

Enfin, Tim Jackson, qui est également professeur de psychologie sociale, verse beaucoup dans la psychologie, notamment à propos des comportements consuméristes (thèmes de la crainte de la nouveauté, de l'angoisse, de l'égoïsme et de l'altruisme), ce qui est digne d'intérêt, mais il s'intéresse peu à la sociologie (Veblen et Bourdieu sont rapidement cités), qui a pourtant beaucoup à nous apprendre sur l'action collective ou les structures sociales de la consommation.

Aucune de ces différences ou limites ne réduit l'apport considérable de ce livre à une stratégie crédible de grande transformation écologique et sociale. Mais il faut en débattre.

Vous ne parlez pas dans votre livre de la dette écologique. Cette question n'est-elle pas aussi importante pour l'avenir que celle des dettes publiques au Nord et au Sud ?

Elle est aussi importante, et surtout ces deux problématiques sont liées. La notion de dette écologique est apparue à la fois dans des réseaux militants, écologistes ou non, et dans des travaux de chercheurs. L'idée de départ est simple, mais les choses se compliquent ensuite.

Commençons par l'idée générale et divisons schématiquement le monde en deux groupes : les pays riches au Nord, les pays pauvres au Sud. On ne peut guère contester le fait suivant : le développement industriel au Nord, depuis la révolution industrielle jusqu'à nos jours, a *en partie* reposé sur l'exploitation par les entreprises et les États du Nord de ressources naturelles du Sud : terres, forêts, ressources du sous-sol (dont les énergies fossiles), etc. Autant de ressources dont le Nord ne disposait pas en quantité suffisante (ou à un coût élevé) pour faire face à une production et à une consommation toujours croissantes. Sans ces ressources ponctionnées au Sud, souvent à des coûts dérisoires, par la violence à l'époque coloniale (et parfois ensuite), la croissance du Nord aurait été bien plus faible, tout comme le serait le niveau de vie matériel actuel de ses habitants.

De même, il est peu contestable qu'aujourd'hui les rejets et déchets de la production et de la consommation au Nord, dont les gaz à effet de serre, sont beaucoup plus importants que ceux du Sud, surtout si l'on raisonne en émissions ou pollution par habitant. Et cela fait deux siècles que cette inégalité existe, avec des conséquences à long terme puisque, par exemple, les gaz à effet de serre émis à chaque moment restent durablement dans l'atmosphère, de plusieurs décennies à plusieurs siècles.

Jusqu'à une période assez récente, vers la fin du XXe siècle, cette situation déséquilibrée n'était pas nécessairement vue, en tout cas au Nord, comme un problème grave ou comme une injustice, tant il semblait à beaucoup que la nature était un réservoir inépuisable et quasiment gratuit, et que, selon les idées dominantes, le Nord « aidait le Sud à se développer ». Tel n'est plus le cas aujourd'hui. La finitude des ressources naturelles exigées par la machine économique est de plus en plus admise. Et les peuples du Sud, leur société civile et une partie de leurs élites ont commencé à dénoncer l'exploitation de leurs territoires au nom de droits universels, avec l'appui de citoyens du Nord.

La progression de cette prise de conscience a conduit à l'introduction plus fréquente de considérations de justice environnementale, tant au Nord qu'au Sud. La notion de dette écologique de certaines régions du monde (ou de certaines classes sociales privilégiées) vis-à-vis d'autres régions (ou d'autres classes) implique de sortir de l'économisme pour faire intervenir *des normes éthiques, des conceptions de la justice mondiale*. La plus forte est la suivante : lorsque des ressources jugées essentielles, et parfois vitales, deviennent rares, *l'égalité des droits d'accès et d'usage* doit devenir un objectif universel vers lequel il faut converger au plus vite. Rien ne peut justifier que les plus riches ou les plus puissants accaparent plus de ressources vitales que les autres. Et tant que, dans les faits, ils prélèvent plus que cette part égale, ils accumulent une dette écologique vis-à-vis des autres. Ces derniers sont fondés à en exiger le remboursement, sous la forme de réparations diverses, monétaires ou non.

On voit bien que ce raisonnement mérite discussion : à partir de quel moment considère-t-on qu'un type de ressource est concerné par cette exigence d'égalité d'usage ? L'usage inégal des ressources naturelles n'a-t-il pas été accepté par les États du Sud après leur indépendance politique ? Pourquoi ne pas invoquer d'autres principes de justice que l'égalité, par exemple un usage minimal garanti pour les pauvres, ou un plafond pour les riches, ou les deux ? Quelles compensations peut-on envisager ? Pour qui et à quel niveau ? J'ai, comme d'autres, des éléments de réponse à ces questions, mais elles sortent du cadre de cette postface.

Une dernière précision est essentielle, et je la dois à Éric Toussaint, du CADTM (Comité pour l'annulation de la dette du tiers-monde), une association en pointe pour exiger qu'on en finisse avec des dettes monétaires largement illégitimes et parfois odieuses, en mettant en place des « audits citoyens » des dettes afin d'activer la démocratie sur des enjeux jusqu'ici réservés à des experts coupés du public et souvent nommés par les dominants. Je me permets de citer un message qu'il m'a envoyé : « Tous les citoyens et citoyennes du Nord ont-ils une dette [écologique] à l'égard de tous les citoyens et citoyennes du Sud ? Au Nord, qui a profité du mode de production capitaliste productiviste depuis un peu plus de deux siècles ? Qui l'a mis en place ? Au Nord, qui a pris et prend encore les décisions ? Cela renvoie à la division de la société en classes sociales et au rôle des entreprises transnationales. Afin de donner une réponse simple, je dis que les réparations que le Nord doit verser aux peuples du Sud de la planète doivent être prélevées, au Nord, sur les classes et les entreprises qui portent la responsabilité de cette dette. » Cette position se discute, mais il faut la verser au débat.

Quoi qu'il en soit, ces réflexions sur la dette écologique illustrent une nouvelle fois un impératif général : il faut sortir de l'économisme pour sortir des crises, et la seule bonne façon de le faire est d'activer le levier d'une démocratie étendue, thème sur lequel je reviendrai.

Vous parlez d'un avenir « sans croissance ». Vous êtes donc un adepte de la croissance zéro ou de « l'état stationnaire » pour la période à venir ? Vous pensez qu'il faut cesser de croître tout de suite ?

Non, je ne suis pas un adepte de la croissance zéro. « Sans croissance » (ou post-croissance) signifie que l'on quitte à la fois le culte de la croissance et les pratiques qui visent à l'obtenir. Des pratiques de plus en plus inefficaces, d'ailleurs, ce qui me fait penser que, quoi que l'on fasse, la croissance va prendre fin dans les années qui viennent, en tout cas dans les pays dits développés, mais dans des conditions socialement dramatiques si l'on n'anticipe pas. La poursuite désespérée de la croissance quantitative est désormais une menace considérable sur le plan écologique, et elle n'a plus de sens ni d'intérêt sur les autres plans (le bien-être, le lien social...).

Vouloir demain la « croissance zéro » ou une « croissance moins 2 % » c'est rester prisonnier de la pensée de la croissance, et c'est par ailleurs faire preuve d'un volontarisme stupide. Ce n'est pas ainsi qu'il faut se fixer des objectifs collectifs. Dans un excellent dessin de Pessin, on voyait Nicolas Sarkozy dire : « Et si, avec les dents, on allait chercher la décroissance ? » Son interlocuteur lui répondait : « Ce ne sera pas nécessaire... »

Nous avons besoin de définir des finalités écologiques et sociales, et, seulement ensuite, d'envisager les moyens économiques – dont les emplois – et non-économiques au service de ces finalités. Commençons par débattre de ce à quoi nous tenons le plus, du bien-vivre, de nos patrimoines de société, du retour à un équilibre dans nos relations avec la nature.

Par conséquent, même si je ne l'ai pas écrit dans le livre, je ne crois pas qu'il faille « cesser de croître tout de suite ». Ce genre de choses, je viens de le dire, ne se décrète pas. Voici comment on pourrait raisonner :

1) Si en France (et en Europe) la croissance est nulle ou négative en 2012 ou 2013, il est certain que ce sera socialement grave, même dans l'hypothèse (souhaitable) de politiques de réduction du temps de travail. Ce sera grave aussi pour les dettes publiques et pour les investissements de la « transition écologique et sociale », même avec une réforme fiscale indispensable allant chercher l'argent là où il se trouve.

2) Pourquoi ? Parce qu'on ne quitte pas comme cela un régime productiviste, pas plus qu'on ne quitte

instantanément le nucléaire, la prééminence de la voiture et des camions dans les transports, l'agriculture conventionnelle, la vie dans des logements qui sont des passoires à calories, ou la domination de la grande distribution. On aura encore des gains de productivité pendant quelques années, certains soutenables et souhaitables, la plupart non (je m'en explique dans le livre), sauf crise énorme, récession forte, etc., ce qu'on ne peut pas exclure mais pas souhaiter non plus : ce serait un autre scénario, aux conséquences politiques probablement dramatiques.

3) Il faut donc engager au plus vite un virage anti-productiviste vers la sobriété matérielle et énergétique équitable. Il faudra quelques années pour y parvenir. Combien d'années ? Cela dépendra du volontarisme politique de ceux qui ont le volant et des mouvements sociaux. Un véhicule qui fonce vers le précipice et qui a une forte inertie doit prendre à temps un virage prononcé l'éloignant de la zone des dangers, mais cela ne peut pas être instantané.

4) La nouvelle trajectoire qu'il faut viser après le virage s'accompagnera nécessairement d'une non-croissance des quantités globales, et ensuite de leur décroissance, dans des proportions inconnues. Michel Husson a démontré de façon robuste[2] que l'atteinte des objectifs du Giec est incompatible avec la poursuite de la croissance dans le monde, donc a fortiori chez nous. Tim Jackson a proposé dans son livre des estimations dont les conclusions sont identiques. Il me semble que ces calculs permettent de dire – mais bien d'autres considérations vont dans le même sens – que la décroissance globale des quantités (certes

2. « Croissance sans CO_2 », http://hussonet.free.fr/chronik.htm (document n° 24).

sélective, avec des secteurs en croissance, etc.) va devenir assez vite un impératif de survie. *Mais elle peut avoir d'appréciables contreparties en bien-être présent et futur.*

5) Une non-croissance (ou une décroissance) des quantités globales peut être compatible, au moins pendant une période de transition, avec une progression de la valeur ajoutée monétaire produite et de l'emploi s'il faut nettement plus de travail pour produire des quantités « propres » que des sales, même avec une décroissance négociée dans les secteurs les plus polluants. C'est ce que je montre dans ce livre.

Est-il possible de concilier la démocratie et une « transition écologique et sociale », vu le poids des contraintes et l'urgence des mesures à prendre ?

C'est à la fois possible et nécessaire, mais ce n'est pas facile. Un débat existe sur la démocratie écologique (et plus généralement sur la démocratie scientifique). Il serait dommage de le caricaturer, comme c'est le cas avec certaines critiques des idées de Dominique Bourg[3]. Deux livres peuvent l'éclairer. D'une part celui d'Hervé Kempf, *L'oligarchie ça suffit, vive la démocratie* (Seuil). D'autre part celui de Jacques Testart, Agnès Sinaï et Catherine Bourgain, *Labo planète, ou comment 2030 se prépare sans les citoyens* (Mille et une nuits).

J'ai un problème avec une partie des thèses de Dominique Bourg où est affirmée une sorte d'impuissance des citoyens à prendre en charge les grands enjeux écologiques à long terme, enjeux qui ne pourraient être défendus que par l'alliance de scientifiques et d'ONG environnementales. Cela conduit l'auteur à

3. Voir par exemple le dossier de la revue *Esprit*, mars-avril 2011.

préconiser de nouveaux arrangements institutionnels (une « académie du futur », un nouveau Sénat) pour surmonter ce qu'il désigne comme une incapacité du système de la démocratie actuelle « à répondre au défi environnemental ».

Je retiens évidemment de cette analyse le fait que, dans le système de la démocratie et de l'information tel qu'il fonctionne – très mal, comme le démontre Hervé Kempf –, nombre de risques vitaux pour l'humanité, dont le réchauffement climatique, ne sont pas ressentis avec la même acuité et la même urgence que, par exemple, le chômage ou la pauvreté. Je constate aussi que les principales alertes écologiques proviennent de l'alliance de scientifiques (par exemple le Giec) et d'ONG écologistes.

Mais on pourrait faire le même constat de mise à l'écart des citoyens pour d'autres enjeux non écologiques au départ mais essentiels, y compris à long terme : les retraites, la construction européenne, la reprise en main de la finance, les dettes publiques, la création monétaire et les investissements du futur, etc.

L'information déversée sur les citoyens par l'alliance terrible des grands médias, de l'argent et de la publicité bloque la démocratie et conforte l'oligarchie. Elle a pour but d'empêcher les gens de penser un autre futur que celui qui consiste à prolonger le système. Mais elle n'y parvient qu'en partie, comme le montre, entre autres, le succès des appels de résistants, d'indignés ou d'atterrés...

Une « académie » de scientifiques ? Sa légitimité ne saurait être acquise du seul fait qu'il s'agit d'experts internationaux reconnus par leurs pairs, désignés entre eux par cooptation sur des critères académiques. Il faut bien plus que cela. Il faut que la société civile puisse intervenir dans la recherche et dans ses orientations. Les citoyens associés sont bien meilleurs que les experts officiels pour porter l'idée de la coopération des savoirs, y compris les savoirs « profanes » écartés de la science académique.

La science est une construction historique, sociale et politique gravement affectée aujourd'hui par les déficiences de la démocratie. Confier l'avenir de l'économie (ou même seulement de l'enseignement de l'économie) à des économistes « prestigieux », vu la façon dont cette discipline s'est constituée ? C'est un risque majeur. Le nucléaire et ses risques ? Déjà qu'il y a débat, et c'est bien normal, au sein de la fondation Nicolas-Hulot, alors ailleurs, quand on sait que 90 % des dépenses de recherche sur l'énergie sont captées par le nucléaire ! L'agriculture du futur en France ? Allez donc confier cela à une académie des « meilleurs experts » de l'Inra (Institut national de la recherche agronomique), où, sur 9 000 postes, on ne trouve que 35 emplois en équivalent temps plein dans les recherches sur l'agriculture biologique ! Le besoin de recherches médicales et pharmaceutiques du futur ? Mais les grandes maladies des pays pauvres ayant été plus ou moins désertées, comment une académie d'experts de la santé pourrait-elle en revaloriser l'importance sans la participation de la société civile mondiale ? Les exemples abondent : les nanotechnologies, la génétique, etc.

Le cœur du problème est dans l'idée, défendue par Dominique Bourg, que les citoyens sont, dans leur majorité, englués dans le court terme et donc incapables de se saisir des grandes questions du futur. Là se trouve mon principal désaccord, que le livre d'Hervé Kempf a encore renforcé, car l'auteur y montre que ce n'est pas la « démocratie » qui est en cause dans ce constat d'une insouciance fréquente vis-à-vis du futur, c'est le fait que nous ne vivons pas dans des démocraties dignes de ce nom mais sous des régimes oligarchiques ou ploutocratiques conservant encore certains traits d'une démocratie, mais de plus en plus amputée et brimée. Or, les principales menaces contre l'environnement viennent du pouvoir économique et financier effarant de la ploutocratie mondiale.

Lorsque des « profanes » participent par exemple à des conférences de citoyens où l'on prend le temps de la formation ouverte et de la délibération, il apparaît toujours que la capacité à penser des risques à long terme n'a nullement déserté ces citoyens lambda, qui ont pour beaucoup des enfants et petits-enfants, et qui se soucient de l'état de la planète. Ils auraient même tendance à s'y mettre plus aisément que nombre d'experts, économistes en tête, dont les cadres de pensée ont été verrouillés depuis longtemps ! À mes yeux, les porteurs du futur ne sont pas les scientifiques ni les seuls écologistes, mais les citoyens d'une démocratie active et beaucoup plus égalitaire, où l'information cesse d'être un business pour devenir un bien commun.

Vous ne fournissez pas d'estimation du nombre d'emplois qu'une telle transformation écologique et sociale pourrait ajouter dans les dix ou vingt prochaines années. Est-ce trop incertain ? Quelles méthodes de prospective peut-on envisager ?

Nous avons besoin de scénarios et de « planification participative » des besoins, des productions et des emplois. On commence à en disposer dans quelques secteurs, mais on est loin du compte. Seuls de nouveaux groupes de travail pluralistes peuvent produire de telles estimations. J'en suis incapable, mais, poussé par les débats et questions, je me suis livré à un exercice très grossier, prenant appui sur quelques scénarios existants (parfois trop anciens, faute de mieux) sur des perspectives à vingt ans.

En vingt ans, sans croissance des quantités, moyennant des innovations majeures non productivistes, on pourrait envisager d'ajouter plus de quatre millions d'emplois dans les domaines d'intervention suivants :

– Agriculture « propre » et moderne de proximité, forêts : 150 000 emplois.

– Énergies renouvelables, isolation thermique, économies d'énergie, recyclage, relocalisations partielles : 700 000 à un million.

– Transports et mobilité (scénario de la Confédération européenne des syndicats), commerces de proximité : 500 000.

– Services de bien-vivre associés à des droits : petite enfance, personnes âgées ou handicapées, soins, social, éducation, environnement : 1,5 million d'emplois « décents ».

– RTT équitable, vers les 32 heures : un million.

Soit dit en passant, sous réserve que cet exercice ait quelque validité, il tend à montrer qu'il y aurait plus d'emplois utiles à attendre des services de bien-vivre et de la RTT que des politiques centrées sur la « conversion écologique » de la production (les fameux « emplois verts »).

Que faudrait-il faire pour aller bien au-delà d'un tel exercice solitaire, donc de faible valeur ?

Je propose d'abord de remplacer la formule « aller chercher la croissance avec les dents » par « aller chercher le bien-vivre avec les gens », en s'appuyant sur une démocratie enrichie – et non sur des modèles macroéconomiques. Des productions et des emplois pour répondre aux besoins sociaux, ceux que la délibération des citoyens peut seule définir et hiérarchiser, pas les besoins largement artificiels que suscite le système de production de l'avidité permanente.

Menons d'abord de vastes réflexions, localement et nationalement, via des conventions et assises citoyennes sur les besoins à moyen et long terme, et sur les productions d'utilité sociale et écologique qui peuvent y répondre. Introduisons dans les débats des bilans écologiques et sociaux (passés et prospectifs), les contraintes et les opportunités liées à la finitude des ressources naturelles et au climat, des considérations sur le futile (ou le mésusage) et sur l'utile, sur la durabilité, les biens communs et les droits universels, les expériences réussies et les échecs… N'hésitons pas à parler de planification participative, allant jusqu'à l'évaluation des volumes de travail et d'emploi exigés à dix et vingt ans. Et donc de temps de travail aussi, ainsi que de son partage. De la façon de relocaliser partiellement des activités et de combattre les méfaits de la globalisation néolibérale, de la publicité et du crédit. Planification participative (ou délibérative) n'a rien à voir avec étatisation. Cela doit signifier au contraire que la collectivité prend en main son avenir en ne laissant ni l'État, ni les élus, ni l'expertocratie, ni les marchés le définir à sa place.

Couplons les estimations prospectives de volume de travail (d'utilité écologique et sociale) avec des objectifs, discutés avec les gens, de répartition sociale des richesses économiques à dix et vingt ans. Entre pauvres et riches (quel écart serait acceptable ?), entre actifs et inactifs en fonction de leur poids relatif anticipé, entre femmes et hommes, entre salaires et profits, entre profits réinvestis et profits distribués aux actionnaires, etc. Débattons aussi du partage des autres richesses, non monétaires, dont le travail domestique.

Mettons sur la table, sur la base de ce qui précède, les ingrédients réels et possibles du bien-vivre dans dix et vingt ans, tel qu'il peut résulter de cette confrontation non pas de l'offre et de la demande sur des marchés, mais de la confrontation raisonnée de l'expression des besoins et des possibilités d'y répondre dans un monde soutenable. Privilégions la qualité et la durabilité, et non les quantités ou « volumes ». Le pouvoir d'usage durable et le pouvoir de bien vivre, et non le pouvoir d'achat. Bref, on mettrait au centre tout ce que les grands indicateurs macroéconomiques utilisés pour la prospective – croissance, gains de productivité et pouvoir d'achat notamment – ignorent.

Il est grand temps d'organiser partout des délibérations approfondies et bien informées (et non des enquêtes d'opinion), sur le bien-vivre et sur ce qui compte le plus aux yeux des citoyens, individuellement et collectivement. Qu'est-ce que cela pourrait donner ? En guise d'exemple, on peut mentionner certains résultats d'une conférence citoyenne organisée dans le Nord-Pas-de-Calais à l'automne 2009 avec quinze citoyens tirés au sort. À l'issue de débats très riches, chacun était invité à écrire une priorité. Ces personnes ont mis en avant comme « richesses fondamentales » la solidarité, l'émancipation, l'entraide, le partage équitable des ressources, le service public, la culture, le droit aux soins, tenir compte des générations futures, etc. Une seule de ces priorités indiquait l'argent.

Presque toutes ces richesses fondamentales peuvent parfaitement « croître » dans une société post-croissance économique ! Une vraie démocratie peut parfaitement accoucher du « bien-vivre dans un monde solidaire ». C'est là que réside la seule arme valable contre les régressions en cours, contre le malaise dans la civilisation provoqué par le libéral-croissancisme.

REMERCIEMENTS

J'ai eu le privilège de bénéficier de nombreuses remarques et critiques constructives de trois personnes. La première, Nicole Gadrey, est sociologue. Nous discutons de la plupart de mes écrits, sur le fond, sur la forme et sur la lisibilité. C'est inestimable. La deuxième, Florence Jany-Catrice, socio-économiste, coopère avec moi depuis des années sur nombre de sujets traités dans ce livre. Enfin, Laurent Cordonnier, économiste post-keynésien connu notamment des lecteurs du *Monde diplomatique*, m'a autorisé à reproduire des extraits de ses commentaires. Merci à tous les trois, à charge de réciprocité.

Sans Philippe Frémeaux, je n'aurais pas écrit ce livre. Il faudra donc que les lecteurs le félicitent ou le blâment de sa confiance à mon égard.

Enfin, comme tout le monde, je réfléchis, j'évolue et j'écris dans le contexte de réseaux et de liens personnels, directs et à distance. Parmi mes principales sources, on trouve des amis économistes ou socio-économistes lillois, des sociologues, des philosophes (dont Dominique Méda et Patrick Viveret), des membres du collectif Fair (Forum pour d'autres indicateurs de richesse), des membres d'Attac et de son conseil scientifique, des commentateurs de mon blog, des « objecteurs de croissance » ou d'autres écologistes, des syndicalistes et des militants de l'économie sociale et solidaire. Je peux y ajouter des membres de ma famille. Je les remercie de m'avoir influencé.

Achevé d'imprimer en novembre 2011 par Présence graphique
2, rue de la Pinsonnière – 37240 Monts – France
Dépôt légal : janvier 2012 – Numéro d'impression : 121140490